실력 진단 평가 1

제한 시간	맞힌 개수	선생님 확인
15분	/15	

01~03 다음 낱말과 그 뜻풀이를 바르게 선으로 이으세요.

1 나열 •

2 난방 •

3 난폭 •

• ㉠ 행동이 몹시 거칠고 사나움.

• ㉡ 죽 벌여 놓음. 또는 죽 벌여 있음.

• ㉢ 실내의 온도를 높여 따뜻하게 하는 일.

04~06 다음 낱말의 뜻풀이에 알맞은 말을 골라 ○표를 하세요.

09~11 빈칸에 들어갈 알맞은 낱말을 보기 에서 찾아 쓰세요.

보기
견학 고생 공적 공예

9 고궁 박물관에 (   )을/를 가서 나비를 보았다.

10 소방관들은 오늘도 불을 끄느라 (   )하고 있다.

11 벌집을 함부로 건드리면 벌의 (   )을/를 받는다.

12~14 다음 한자 성어와 그 뜻풀이를 바르게 선으로 이으세요.

12 망운지정 •

13 좌정관천 •

• ㉠ 자식이 먼 곳에서 고향에 계신 어버이를 생각하는 마음.

• ㉡ 효도를 다하지 못한 채 어버이를 여읜 자식의 슬픔을 이르는 말.

실력 진단 평가 2

제한 시간	맞힌 개수	선생님 확인
15분	/15	

01~03 다음 낱말과 그 뜻풀이를 바르게 선으로 이으세요.

1 업적 •

2 열기 •

3 예방 •

• ㉠ 뜨거운 기운.

• ㉡ 어떤 사업이나 연구 등에서 세운 공적.

• ㉢ 질병이나 재해 등이 일어나지 않도록 미리 대비하여 막음.

04~06 다음 낱말의 뜻풀이에 알맞은 말을 골라 ○표를 하세요.

4 외부
물체나 일정한 범위의 (바깥, 안)쪽.

09~11 빈칸에 들어갈 알맞은 낱말을 보기에서 찾아 쓰세요.

> 보기
>
> 손짓 솜씨 서투 빨치

9 ( )에는 영양분이 풍부하게 들어 있다.

10 빨설기름 재는 ( )에서 집이 포릇포릇 났다.

11 내 동생의 춤 ( )이/가 이렇게 좋은 줄 몰랐다.

12~14 다음 뜻풀이에 알맞은 속담을 보기에서 찾아 기호를 쓰세요.

> 보기
>
> ㉠ 흉년에 윤달
> ㉡ 땅 짚고 헤엄치기
> ㉢ 마른하늘에 날벼락

12 아주 하기 쉬운 일을 이르는 말.

( )

5 요구 아떠한 것을 필요하다고 (바라거나, 바래거나) 요청함.

6 위로 따뜻한 말이나 행동으로 (괴로움, 무서움)을 덜어 주거나 슬픔을 달래 줌.

---

7 내게는 다섯 살 맞은 동생이 있다. ( )
㉠ 어떤 나이에 이르거나 나이를 더하다.
㉡ 음식 등을 입을 통하여 배 속에 들여보내다.

8 모르는 것을 모른다고 말하는 일에도 <u>용기</u>가 필요하다. ( )
㉠ 물건을 담는 그릇.
㉡ 씩씩하고 굳센 기운. 또는 사물을 접내지 아니하는 기개.

13 옳지 아니한 상황에서 옳바에 있는 채냄을 이르는 말. ( )

14 불행한 일을 당하고 있는 중에 또 좋지 못한 일이 겹쳐 일어난 경우를 이르는 말. ( )

15 다음 상황에 알맞은 낱말을 골라 ○표를 하세요.

학교에 가려고 집을 나섰는데 버스 정류장에 내가 탈 버스가 서 있었다. 놓치지 않고 가려면 (반드시, 반듯이) 저 버스를 타야 하는데…… 나는 버스 정류장까지 있는 힘껏 뛰었다. 다행히 버스를 탈 수 있었다. 버스에 오르니 운 좋에 빈자리가 (베어, 베어) 나왔다.

성취도	최고예요!	잘했어요!	더 노력해요!
맞은 개수	13~15개	11~12개	10개 이하
학습법	기본적인 어휘력이 뛰어나니다. 더 많은 문제를 풀며 어휘력을 향상하세요.	낱말의 사전적 의미와 문맥적 쓰임을 익히고 적용하는 연습을 해야 합니다.	어휘력 보강을 위해 다소 약한 낱말을 정리하고 매일 조금씩 학습해야 합니다.

정답은 정답과 해설 40쪽에 있습니다.

14

어휘 표준어란

• ⓒ 우물 속에 앉아서 하늘을 본
다는 뜻으로, 보고 듣고 들은 것
이 매우 좁음을 이르는 말.

• ⓒ 우물 속에 앉아서 하늘을 본

15 다음 상황에 알맞은 관용어를 골라 ○표를 하세요.

미술 대회에 낼 그림을 완성하려면 아직 갈 길이 (가까워서, 멀어서) 수업을 마치고 바로 집에 갈 준비를 했다. 그런데 하얀 이가 함께 놀자고 했다. 나는 집으로 바로 갈지 하얀이와 함께 놀지 갈림길에 (섰다, 앉았다). 하지만 큰 결정을 하고 길이 (바쁘다며, 좁다며) 혼자 집으로 향했다.

성취도 확인

성취도	최고예요!	잘했어요!	더 노력해요!
맞은 개수	13~15개	11~12개	10개 이하
학습법	기본적인 어휘력이 뛰어납니다. 더 많은 문제를 풀며 어휘력을 향상하세요.	낱말이 사전적 의미와 문맥적 소임을 익히고 적용하는 방법을 연습해야 합니다.	어휘력 보강을 위해 더욱 다양한 낱말을 접하고 매일 조금씩 학습해야 합니다.

❀ 정답은 정답과 해설 40쪽에 있습니다.

---

4 남을 미안하거나 (완성, 안내)하여 나섬.

5 모나지 아니하고 부드럽게 (굽은, 퍼진) 선.

6 연극이나 영화, 운동 경기, 미술품 등을 (듣으며, 보며) 즐김.

밑줄 친 낱말의 뜻으로 알맞은 것의 기호를 쓰세요.

7 이 식물은 그늘에 두면 꽃이 피지 않는다.　(　　)

　ⓐ 어두운 부분.

　ⓑ 의지할 만한 사람의 보호나 혜택.

8 가을이 되자 밤판이 누른 빛깔로 변해 갔다.　(　　)

　ⓐ 황금이나 놋쇠와 같은 빛깔을 띤 상태에 있다.

　ⓑ 물체의 전체 면이나 부분에 대하여 힘이나 무게를 가하다.

어휘력 향상에 꼭 필요한 필수 낱말 총정리

초등 국어

일등급 어휘력

이 책을 추천합니다.

▶▶ 평소에 아이가 책을 많이 접하고 자주 읽게 하려고 노력하는 편인데, 다양한 책을 읽다 보면 당연히 알고 있을 것이라고 생각했던 쉬운 어휘를 모르는 경우가 종종 있었습니다. 그래서 어휘 공부의 필요성을 느끼고 있다가 추천 받은 이 책에서는 한자어, 고유어, 다의어, 동음이의어 등 다양한 기초 낱말과 한자 성어, 속담, 관용어 같은 어려운 내용까지 함께 배울 수 있어서 좋았습니다.

여러 가지 어휘를 모두 다루고 있어서 생각보다 많은 어휘가 들어 있지만, 그림도 있고 짤막한 예문과 문제로 이루어져서 아이가 지루하지 않게 공부할 수 있었습니다. 풍부한 어휘력을 기초부터 다져 나갈 수 있는 좋은 책이라고 생각합니다.

– 이미정 (안산초등학교 3학년 학부모)

▶▶ 지금까지 따로 국어 어휘 공부를 시켜 본 적은 없었는데, 아이가 초등학교 고학년이 되면서 긴 글을 읽을 때 독해력이 조금은 부족한 것 같았습니다. 어휘력이 먼저 기본이 되어야 독해력도 올라갈 것이라는 생각에 이 책으로 어휘 공부를 시작했는데, 어휘를 효과적으로 익힐 수 있어서 이 책을 시작하길 잘했다는 생각이 듭니다.

한 회가 3회로 나누어져 있어서 세부 계획을 세워 매일매일 공부하기에 좋았고, 어휘를 공부한 뒤 제대로 학습했는지를 다시 체크하는 체크 박스도 유용하게 활용하였습니다. 먼저 어휘를 익히고 확인 학습을 푼 다음에 부록의 어휘력 테스트까지 3단계로 공부하니, 아이에게 자연스럽게 반복 학습이 되는 점이 가장 좋았습니다.

– 황이숙 (고은초등학교 6학년 학부모)

▶▶ 탄탄한 어휘력은 독해의 기본입니다. 길고 어려운 글을 독해할 때 우리는 어휘를 중심으로 내용을 유추하며 맥락을 파악합니다. 그러나 탄탄한 어휘력을 쌓는 일은 단시간에 문제를 많이 푼다고 이루어지는 것이 아닙니다. 평소에 좋은 글을 많이 접하고, 어휘가 문장 안에서 어떤 의미로 사용되고 있는지, 이를 대체할 낱말들에는 무엇이 있는지를 곰곰이 생각해 보는 연습이 필요합니다.

물론 처음 시작은 어려울 수 있습니다. 하지만 교과서에서 선별한 다양한 어휘가 실린 이 책으로 초등학생 때부터 낱말의 뜻을 스스로 생각해 보는 꾸준한 연습을 통해 어휘의 기본기를 다진다면, 앞으로의 국어 공부에 큰 도움이 될 것이라고 생각합니다.

– 신주용 (서울대 자유전공학부 19학번)

▶▶ 제가 공부를 하며 깨달았던 것은 모든 학습은 결국 기초를 다지는 것부터 시작한다는 점입니다. 수능 국어 지문들은 점점 더 복합적이고 난해하게 변화하고 있으며, 이를 이해하기 위한 독해력은 하루 이틀 공부한다고 생겨나는 것이 아닙니다. 단순히 책을 많이 읽는 것이 아니라, 가능한 이른 시기부터 체계적으로 준비해야 합니다.

즉 초등학생 때부터 어휘를 알고, 문장을 이해하고, 문단과 구조를 파악하는 연습이 꾸준히 이루어져야 합니다. 기초부터 다진 풍부한 어휘력에서 오는 자신감은 국어뿐만 아니라 다른 과목의 학습에 있어서도 큰 도움이 되리라고 생각합니다. 다양한 어휘를 내 것으로 만들어 이해하려는 연습은 앞으로의 공부에 든든한 기초가 될 것입니다.

– 한송현 (고려대 경제학과 19학번)

'일등급 어휘력'으로 어휘력과 학습 능력을 키워 보세요!

초등 국어

일등급 어휘력

③

이 책으로 공부해야 하는 이유

 하나 ## 어휘력은 곧 학습 능력

- **어휘력이 중요한 이유** 초등학생 때는 다양하고 낯선 낱말을 익히는 시기입니다. 이때 형성된 어휘력이 생각하는 힘을 길러 주며, 모든 학습 능력의 기초가 됩니다.

- **어휘력 향상 학습 시스템** 교과 어휘와 심화 어휘를 모두 익히는 이 책의 학습 시스템과 알차고 풍성한 내용으로 어휘력을 확실히 키울 수 있습니다.

 둘 ## 696개의 풍부한 낱말 제시

- **교과서 중요 낱말 수록** 각 과목의 기초를 이해하고 학습하는 데 필요한 국어, 사회, 과학 교과서 중요 낱말을 모두 모아 표제어로 다루었습니다.

- **꼼꼼하고 풍부한 어휘 학습** 표제어의 뜻풀이에 등장하는 어려운 낱말을 풀이하고 유의어 · 반의어를 추가로 제시하여, 더욱 풍부한 어휘 학습이 가능합니다.

 셋 ## 다양한 유형별 낱말 총 망라

- 교과서와 교과서 밖에서 다양한 유형의 낱말을 골고루 모아 구성하였습니다.

  교과 어휘 교과서에 수록된 필수 어휘 선별

  한자어 / 고유어 학년별 국어, 사회, 과학 교과서에서 배우는 꼭 알아야 하는 낱말

  다의어 · 동음이의어 여러 가지 뜻을 지녔거나, 형태는 같지만 의미는 다른 낱말

  심화 어휘 어휘력 향상에 필수적인 중요 어휘 선별

  관용 표현 주제별로 분류된 한자 성어 · 관용어 · 속담

  헷갈리기 쉬운 낱말 형태가 비슷하여 잘못 사용되기 쉬운 낱말

 넷 ## 학습 계획에 따라 단기간, 장기간 모두 활용 가능한 학습 시스템

- **단기 학습을 원하는 경우** 24회로 나뉜 학습 시스템에 따라 단기간 집중 학습으로 24일 만에 어휘력을 빠르게 향상할 수 있습니다.

- **꼼꼼한 학습을 원하는 경우** 한 회를 3회로 쪼개서 매일 조금씩 장기간에 걸쳐 꼼꼼히 어휘 공부를 할 수 있습니다.

이 책의 구조와  활용법

1 스스로 점검하며 **어휘 익히기**

① 유형별로 제시된 **표제어의 뜻풀이**를 살펴봅니다.

② 제시된 예문을 읽으며 **낱말이 문장 속에서 어떻게 쓰이는지**를 익힙니다.

③ 어휘쏙, 유의어, 반의어를 익히며 **어휘력을 확장**합니다.

④ 낱말 옆의 **체크 박스를 활용**하여 확실히 아는 낱말에 체크하고, 완벽하게 익히지 못한 낱말은 복습합니다.

2 문제를 풀며 **실력 다지기**

① **다양한 유형의 문제**를 풀며 배운 낱말을 확인합니다.

② 교과서 수준보다 더 어려운 **심화 어휘를 골고루 익히고** 문제에 적용할 수 있습니다.

③ 어휘의 사전적 의미와 문맥적 쓰임, 상황에 어울리는 표현 등을 **이해하고 있는지** 평가합니다.

④ 틀린 문제의 낱말은 뜻과 예문을 다시 살펴봅니다.

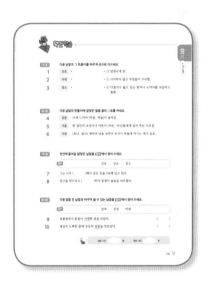

3 어휘력 테스트로 **실력 완성하기**

① 본문의 회차와 대응되는 **24회의 테스트로** 학습 내용을 점검합니다.

② 간단한 문제를 풀며 **본문에서 학습한 낱말을** 다시 한번 익혀서 완전히 자신의 것으로 만듭니다.

③ 채점하여 점수를 기록하고, **틀린 문제의 낱말은** 본문에서 뜻과 예문을 다시 살펴봅니다.

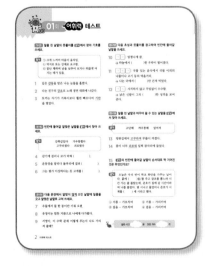

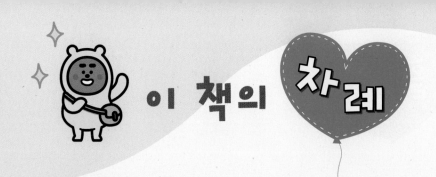
이 책의 차례

01회

공부한 날 ◯월 ◯일

교과 어휘 – 한자어

국어

가훈
家 집 가 | 訓 가르칠 훈

한 집안의 조상이나 어른이 자손들에게 일러 주는 가르침.
예 '정직하게 살자.'가 우리 집의 가훈이다.

국어

간호
看 볼 간 | 護 도울 호

다쳤거나 앓고 있는 환자나 노약자를 보살피고 돌봄.
예 어머니가 감기에 걸린 나를 간호해 주셨다.

어휘 쏙 노약자 늙거나 약한 사람.

국어

감동
感 느낄 감 | 動 움직일 동

크게 느끼어 마음이 움직임.
예 그 영화는 나에게 감동을 주었다.

유의어 감격 마음에 깊이 느끼어 크게 감동함. 또는 그 감동.

사회

강요
强 강할 강 | 要 요긴할 요

억지로 또는 강제로 요구함.
예 누나가 어린이날 선물을 서로 바꾸자고 강요한다.

유의어 강권 내키지 아니한 것을 억지로 권함.

과학

거대
巨 클 거 | 大 클 대

엄청나게 큼.
예 하늘에 거대한 구름이 떠 있다.

유의어 비대 몸에 살이 쪄서 크고 뚱뚱함.

국어

거만
倨 거만할 거 | 慢 거만할 만

잘난 체하며 남을 낮추어 보거나 하찮게 여기는 데가 있음.
예 그는 거만한 눈으로 사람들을 내려다보았다.

반의어 겸손 남을 존중하고 자기를 내세우지 않는 태도가 있음.

국어

검소
儉 검소할 검 | 素 본디 소

사치하지 않고 꾸밈없이 수수함.
예 그녀는 부자가 된 뒤로도 검소하게 살고 있다.

어휘 쏙 사치 필요 이상의 돈이나 물건을 쓰거나 분수에 지나친 생활을 함.

확인학습

1-3 다음 낱말과 그 뜻풀이를 바르게 선으로 이으세요.

1 간호 •

2 거대 •

3 검소 •

• ㉠ 엄청나게 큼.

• ㉡ 사치하지 않고 꾸밈없이 수수함.

• ㉢ 다쳤거나 앓고 있는 환자나 노약자를 보살피고 돌봄.

4-6 다음 낱말의 뜻풀이에 알맞은 말을 골라 ○표를 하세요.

4 감동   크게 느끼어 (마음, 하늘)이 움직임.

5 가훈   한 집안의 조상이나 어른이 (자손, 자신)들에게 일러 주는 가르침.

6 거만   (못난, 잘난) 체하며 남을 낮추어 보거나 하찮게 여기는 데가 있음.

7-8 빈칸에 들어갈 알맞은 낱말을 보기 에서 찾아 쓰세요.

보기   간호   강요   검소

7 그는 너무 (   )해서 같은 옷을 3년째 입고 있다.

8 당근을 먹으라고 (   )하자 동생이 울음을 터뜨렸다.

9-10 다음 밑줄 친 낱말과 바꾸어 쓸 수 있는 낱말을 보기 에서 찾아 쓰세요.

보기   감격   강권   비대

9 동물원에서 몸집이 거대한 곰을 보았다.   (   )

10 열심히 노력한 끝에 우승의 감동을 맛보았다.   (   )

걸린 시간   분   맞은 개수   개

교과 어휘 - 고유어

감쪽같다

꾸미거나 고친 것이 전혀 알아챌 수 없을 정도로 티가 나지 아니하다.

예 깨진 도자기를 감쪽같게 붙여 놓았다.

어휘 쏙 티 어떤 태도나 기색.

강강술래

정월 대보름날이나 팔월 한가위에 여러 사람이 함께 손을 잡고 빙빙 돌면서 춤을 추고 노래를 부르는 민속놀이.

예 작년 한가위에 했던 강강술래가 기억난다.

갸우뚱하다

한쪽으로 살짝 비스듬히 기울이다.

예 너무 달라진 친구의 모습을 보고 고개를 갸우뚱했다.

유의어 까우뚱하다 한쪽으로 살짝 비스듬히 세게 기울이다.

거짓부렁

'거짓말'을 속되게 이르는 말.

예 하는 말마다 다 거짓부렁이다.

어휘 쏙 속되다 고상하지 못하고 천하다.

건더기

국물 있는 음식에서 국물 이외의 나물이나 고기 등의 먹을거리.

예 국물을 계속 떠먹다 보니 건더기만 남았다.

고꾸라지다

앞으로 고부라져 쓰러지다.

예 돌부리에 걸려서 고꾸라질 뻔했다.

유의어 엎어지다 서 있는 사람이나 물체 등이 앞으로 넘어지다.

괴롭다

몸이나 마음이 편하지 않고 고통스럽다.

예 밤을 꼬박 새웠더니 몸이 너무 괴롭다.

유의어 고단하다 지쳐서 피곤하고 나른하다.

▼ 정답 28쪽

1-3 다음 뜻풀이에 알맞은 낱말을 **보기** 에서 찾아 쓰세요.

> **보기** 감쪽같다   갸우뚱하다   고꾸라지다   괴롭다

1 앞으로 고부라져 쓰러지다.　　　　　　　　　　　　　　(　　　)

2 몸이나 마음이 편하지 않고 고통스럽다.　　　　　　　(　　　)

3 꾸미거나 고친 것이 전혀 알아챌 수 없을 정도로 티가 나지 아니하다.　(　　　)

4-6 다음 밑줄 친 낱말과 바꾸어 쓸 수 있는 낱말을 찾아 바르게 선으로 이으세요.

4 오늘은 참 괴로운 하루다.　　　　　　·　　　　·　㉠　고단한

5 윤재는 고개를 갸우뚱하는 버릇이 있다. ·　　　　·　㉡　엎어지는

6 이 거리는 사람들이 자주 고꾸라지는 장 ·　　　　·　㉢　꺄우뚱하는
소이다.

7-9 다음 낱말이 들어갈 문장을 찾아 바르게 선으로 이으세요.

7 강강술래　·　　　·㉠ 미역국에 들어간 (　　　)이/가 정말 맛있다.

8 거짓부렁　·　　　·㉡ 그 애가 한 말은 정말인지 (　　　)인지 알 수가
없다.

9 건더기　·　　　·㉢ 학교에서 한복을 입고 (　　　)을/를 해 보기로
했다.

걸린 시간　　　　분　　　맞은 개수　　　　개

심화 어휘 – 헷갈리기 쉬운 낱말

가르치다

지식이나 기능, 이치 등을 깨닫게 하거나 익히게 하다.
예 우리 어머니께서는 중학교에서 수학을 가르치신다.

가리키다

손가락 등으로 어떤 방향이나 대상을 집어서 보이거나 말하거나 알리다.
예 약국이 어딘지 묻자 민지는 왼쪽을 가리켰다.

거름

식물이 잘 자라도록 땅을 기름지게 하기 위하여 주는 물질.
예 딸기가 잘 자라라고 거름을 듬뿍 주었다.

걸음

두 발을 번갈아 옮겨 놓는 동작.
예 가영이는 걸음이 빠른 편이다.

긷다

우물이나 샘 등에서 두레박이나 바가지 등으로 물을 떠내다.
예 뒷산 약수터에서 물을 길었다.

깁다

떨어지거나 해어진 곳에 다른 조각을 대거나 또는 그대로 꿰매다.
예 찢어진 치마에 천을 대고 기워 입었다.

1-2 다음 낱말과 그 뜻풀이를 바르게 선으로 이으세요.

1 가르치다 •

2 깁다 •

• ㉠ 지식이나 기능, 이치 등을 깨닫게 하거나 익히게 하다.

• ㉡ 떨어지거나 해어진 곳에 다른 조각을 대거나 또는 그대로 꿰매다.

3-5 빈칸에 들어갈 알맞은 낱말을 보기 에서 찾아 쓰세요.

보기 가르쳐 가리켜 거름 걸음 기워

3 느린 (   )(으)로 복도를 걸어 내려갔다.

4 그 선비는 아주 검소해서 옷을 여러 번 (   ) 입었다.

5 선생님이 화단에 핀 꽃이 채송화 꽃이라고 (   ) 주셨다.

6-7 다음 문장에 알맞은 낱말을 골라 ○표를 하세요.

6 오늘은 밭에 (거름, 걸음)을 뿌리는 날이다.

7 팥쥐는 콩쥐에게 물을 다섯 양동이 (기워, 길어) 오라고 시켰다.

8-9 다음 글에서 잘못된 부분을 찾아 바르게 고쳐 쓰세요.

소희와 도서관에서 두 시에 만나기로 했다. 하지만 약속 시간에 늦고 말았다. 소희가 손가락으로 시계를 가르치며 짜증을 냈다. 나는 구멍 난 양말을 긴고 오느라 늦었다고 말하며 사과했다.

8 (   ) ➔ (   )

9 (   ) ➔ (   )

걸린 시간   분   맞은 개수   개

 교과 어휘 - 한자어

사회

견학
見 볼 견 | 學 배울 학

어떤 장소를 직접 방문하여 그곳에서 지식을 배움.

예 과자 공장에 **견학**을 갔다.

국어

고생
苦 쓸 고 | 生 날 생

어렵고 고된 일을 겪음. 또는 그런 일이나 생활.

예 처음 가 본 곳이라 길을 찾느라고 **고생**했다.

유의어 노고 힘들여 수고하고 애씀.

국어

곡선
曲 굽을 곡 | 線 줄 선

모나지 아니하고 부드럽게 굽은 선.

예 도화지에 **곡선**을 그려 보세요.

반의어 직선 꺾이거나 굽은 데가 없는 곧은 선.

사회

공격
攻 칠 공 | 擊 칠 격

① 나아가 적을 침.

예 고양이가 잽싸게 쥐를 **공격**했다.

② 남을 비난하거나 반대하여 나섬.

예 나미는 내가 거짓말을 하고 있다며 **공격**했다.

반의어 방어 상대편의 공격을 막음.

국어

공공장소
公 공평할 공 | 共 한가지 공 |
場 마당 장 | 所 바 소

사회의 여러 사람 또는 여러 **단체**에 공동으로 속하거나 이용되는 곳.

예 **공공장소**에서는 시끄럽게 떠들면 안 된다.

어휘쏙 단체 같은 목적을 위해 모인 무리.

국어

공동
共 한가지 공 | 同 한가지 동

둘 이상의 사람이나 단체가 함께 일을 하거나, 같은 자격으로 관계를 가짐.

예 체육 대회에서 2반과 5반이 **공동** 우승했다.

유의어 합동 여럿이 모여 행동이나 일을 함께함.

과학

공예
工 장인 공 | 藝 재주 예

물건을 만드는 기술에 관한 재주.

예 학교에서 도자기 **공예** 수업을 들었다.

1-3 다음 낱말과 그 뜻풀이를 바르게 선으로 이으세요.

1 고생 •
• ㉠ 물건을 만드는 기술에 관한 재주.

2 공동 •
• ㉡ 어렵고 고된 일을 겪음. 또는 그런 일이나 생활.

3 공예 •
• ㉢ 둘 이상의 사람이나 단체가 함께 일을 하거나, 같은 자격으로 관계를 가짐.

4-6 다음 낱말의 뜻풀이에 알맞은 말을 골라 ○표를 하세요.

4 공격 남을 비난하거나 (찬성, 반대)하여 나섬.

5 곡선 모나지 아니하고 부드럽게 (굽은, 펴진) 선.

6 공공장소 사회의 여러 사람 또는 여러 단체에 (공동, 혼자)(으)로 속하거나 이용되는 곳.

7-8 빈칸에 들어갈 알맞은 낱말을 보기 에서 찾아 쓰세요.

보기	견학 고생 공예

7 곤충 박물관에 ( )을/를 가서 나비를 보았다.

8 소방관들은 오늘도 불을 끄느라 ( )하고 있다.

9 보기 의 밑줄 친 낱말과 뜻이 반대인 낱말은 무엇인가요?

보기	피구 경기에서 청팀이 먼저 공격을 맡았다.

① 방어 ② 복수 ③ 심판 ④ 행동

 걸린 시간 분 맞은 개수 개

 교과 어휘 - 고유어

구기다

종이나 천 등의 엷은 물체를 비비거나 접어서 잔금이 생기게 하다.

예 예은이는 종이를 구겨서 휴지통에 버렸다.

반의어 펴다 구김이나 주름 등을 없애어 반반하게 하다.

기울다

① 비스듬하게 한쪽이 낮아지거나 비뚤어지다.

예 지진으로 건물이 한쪽으로 기울었다.

② 마음이나 생각 등이 어느 한쪽으로 쏠리다.

예 놀이공원에 안 가는 쪽으로 마음이 기울었다.

유의어 쏠리다 ① 물체가 기울어져 한쪽으로 몰리다. ② 마음이나 눈길이 어떤 대상에 끌려서 한쪽으로 기울어지다.

깔끔하다

모습이나 차림새가 매끈하고 깨끗하다.

예 언니는 항상 머리를 깔끔하게 빗는다.

반의어 불결하다 어떤 사물이나 장소가 깨끗하지 아니하고 더럽다.

꼼꼼하다

빈틈이 없이 차분하고 조심스럽다.

예 가게에서 살 물건들을 꼼꼼하게 적었다.

꾸준하다

한결같이 부지런하고 *끈기*가 있다.

예 여름 방학 동안 꾸준하게 수영 연습을 다녔다.

어휘 쏙 끈기 쉽게 단념하지 아니하고 끈질기게 견디어 나가는 기운.

끝맺다

일을 마무리하여 맺다.

예 고맙다는 말로 편지를 끝맺었다.

끼어들다

자기 순서나 자리가 아닌 틈 사이를 비집고 들어서다.

예 버스 앞에 갑자기 차 한 대가 끼어들었다.

유의어 참견하다 자기와 별로 관계없는 일이나 말 등에 끼어들어 쓸데없이 아는 체하다.

1-3 다음 뜻풀이에 알맞은 낱말을 **보기** 에서 찾아 쓰세요.

> **보기**
>
> 기울다   꼼꼼하다   끝맺다   끼어들다

1 일을 마무리하여 맺다. ( )

2 빈틈이 없이 차분하고 조심스럽다. ( )

3 마음이나 생각 등이 어느 한쪽으로 쏠리다. ( )

4-5 다음 밑줄 친 낱말과 바꾸어 쓸 수 있는 낱말을 찾아 바르게 선으로 이으세요.

4 친구와 대화 중에 민규가 끼어들었다. •   • ㉠ 쏠렸다

5 파도가 치자 배가 한 쪽으로 기울었다. •   • ㉡ 참견했다

6-8 다음 낱말이 들어갈 문장을 찾아 바르게 선으로 이으세요.

6 구겨져 •   • ㉠ 사물함에 제멋대로 던져 둔 체육복이 (   ) 있었다.

7 꼼꼼하게 •   • ㉡ 하루에 한 번씩 (   ) 영어 노래를 들었더니 영어 실력이 늘었다.

8 꾸준하게 •   • ㉢ 해진이는 편지를 부치기 전에 잘못된 글자가 있는지 (   ) 확인했다.

9 **보기** 의 밑줄 친 낱말과 뜻이 **반대**인 낱말은 무엇인가요?

> **보기**
>
> 대청소를 마친 교실은 아주 깔끔했다.

① 까다로웠다   ② 매끈했다   ③ 불결했다   ④ 산뜻했다

걸린 시간 (   ) 분   맞은 개수 (   ) 개

심화 어휘 – 주제별 한자 성어

★ 어버이를 잘 섬김

망운지정
望 바랄 망 | 雲 구름 운 | 之 어조사 지 | 情 뜻 정

자식이 먼 곳에서 고향에 계신 어버이를 생각하는 마음.
예 망운지정으로 한국에 계신 부모님을 그리워하였다.

반포지효
反 돌이킬 반 | 哺 먹일 포 | 之 어조사 지 | 孝 효도 효

자식이 자란 후에 어버이의 은혜를 갚는 효성을 이르는 말.
예 그동안 우리를 보살펴 주신 부모님을 반포지효로 모셔야 한다.

풍수지탄
風 바람 풍 | 樹 나무 수 | 之 어조사 지 | 嘆 탄식할 탄

효도를 다하지 못한 채 어버이를 여읜 자식의 슬픔을 이르는 말.
예 풍수지탄에 빠지지 않으려면 평소에 부모님의 말씀을 잘 들어야 한다.

혼정신성
昏 어두울 혼 | 定 정할 정 | 晨 새벽 신 | 省 살필 성

밤에는 어버이의 잠자리를 보아 드리고 이른 아침에는 밤새 안부를 묻는다는 뜻으로, 어버이를 잘 섬기고 효성을 다함을 이르는 말.
예 우리 아버지는 할머니, 할아버지께 혼정신성을 실천하신다.

★ 세상 형편을 모름

정저지와
井 우물 정 | 底 밑 저 | 之 어조사 지 | 蛙 개구리 와

우물 안의 개구리라는 뜻으로, 보고 들은 것이 좁고 세상 형편에 어두운 사람을 이르는 말.
예 네가 가장 똑똑한 줄 알다니, 그야말로 정저지와나 다름없구나.

좌정관천
坐 앉을 좌 | 井 우물 정 | 觀 볼 관 | 天 하늘 천

우물 속에 앉아서 하늘을 본다는 뜻으로, 보고 들은 것이 매우 좁음을 이르는 말.
예 우리는 모두 좌정관천의 어리석음에 빠지지 말아야 한다.

1-3 다음 한자 성어와 그 뜻풀이를 바르게 선으로 이으세요.

1 반포지효 •

• ㉠ 자식이 자란 후에 어버이의 은혜를 갚는 효성을 이르는 말.

2 정저지와 •

• ㉡ 효도를 다하지 못한 채 어버이를 여읜 자식의 슬픔을 이르는 말.

3 풍수지탄 •

• ㉢ 우물 안의 개구리라는 뜻으로, 보고 들은 것이 좁고 세상 형편에 어두운 사람을 이르는 말.

4-5 다음 한자 성어의 뜻풀이에 알맞은 말을 골라 ○표를 하세요.

4 망운지정   자식이 먼 곳에서 (고향, 도시)에 계신 어버이를 생각하는 마음.

5 좌정관천   우물 속에 앉아서 (바다, 하늘)을/를 본다는 뜻으로, 보고 들은 것이 매우 좁음을 이르는 말.

6-8 빈칸에 들어갈 알맞은 한자 성어를 보기 에서 찾아 쓰세요.

보기   망운지정   반포지효   정저지와   혼정신성

6 책을 많이 읽어야 (   )에서 벗어날 수 있다.

7 집을 멀리 떠나와 (   )을/를 느끼며 부모님을 그리워하였다.

8 의사 선생님은 매일 아침 (   )의 마음으로 어르신들께 안부를 묻는다.

9 다음 밑줄 친 상황을 표현하기에 알맞은 한자 성어는 무엇인가요?

청개구리는 항상 어머니의 말과 반대로 행동해서 어머니를 속상하게 했다. 어머니가 돌아가시자 청개구리는 강가에 어머니의 무덤을 만들고 슬피 울었다.

① 반포지효   ② 정저지와   ③ 좌정관천   ④ 풍수지탄   ⑤ 혼정신성

  걸린 시간   분   맞은 개수   개

교과 어휘 – 한자어

과학

과학자
科 과목 과 | 學 배울 학 | 者 놈 자

과학을 전문으로 연구하는 사람.

예) 내 꿈은 훌륭한 과학자가 되는 것이다.

어휘쏙 전문 어떤 분야에 많은 지식과 경험을 가지고 오직 그 분야만 연구하거나 맡음.

국어

관람
觀 볼 관 | 覽 볼 람

연극이나 영화, 운동 경기, 미술품 등을 보며 즐김.

예) 내일 친구들과 야구 경기를 관람하기로 했다.

유의어 구경 흥미나 관심을 가지고 봄.

국어

관심
關 관계할 관 | 心 마음 심

어떤 것에 마음이 끌려 주의를 기울임. 또는 그런 마음이나 주의.

예) 뒷자리에 앉은 전학 온 친구에게 관심이 갔다.

사회

교육
教 가르칠 교 | 育 기를 육

지식과 기술 등을 가르치며 사람으로서의 품격을 길러 줌.

예) 방정환 선생님은 어린이 교육에 힘쓰셨다.

유의어 훈육 품성이나 도덕 등을 가르쳐 기름.

사회

구역
區 구분할 구 | 域 지경 역

갈라놓은 지역.

예) 교실을 다섯 구역으로 나누어 청소했다.

국어

국토
國 나라 국 | 土 흙 토

나라의 땅.

예) 국토를 사랑하는 마음으로 나무를 심자.

유의어 영토 한 나라의 통치권이 미치는 지역.

국어

궁리
窮 다할 궁 | 理 다스릴 리

마음속으로 이리저리 따져 깊이 생각함. 또는 그런 생각.

예) 아무리 궁리해도 문제가 풀리지 않았다.

유의어 심사숙고 깊이 잘 생각함.

1-3 다음 낱말과 그 뜻풀이를 바르게 선으로 이으세요.

1　관심　•

2　교육　•

3　국토　•

• ㉠ 나라의 땅.

• ㉡ 지식과 기술 등을 가르치며 사람으로서의 품격을 길러 줌.

• ㉢ 어떤 것에 마음이 끌려 주의를 기울임. 또는 그런 마음이나 주의.

4-6 다음 낱말의 뜻풀이에 알맞은 말을 골라 ○표를 하세요.

4　구역　(갈라놓은, 합쳐놓은) 지역.

5　관람　연극이나 영화, 운동 경기, 미술품 등을 (들으며, 보며) 즐김.

6　궁리　마음속으로 이리저리 따져 (깊이, 좁게) 생각함. 또는 그런 생각.

7-8 빈칸에 들어갈 알맞은 낱말을 **보기** 에서 찾아 쓰세요.

보기　　과학자　　관심　　구역

7　이 (　　　)은/는 위험하니 들어가지 마세요.

8　그 (　　　)은/는 동물이 사는 방법을 주로 연구한다.

9-10 다음 밑줄 친 낱말과 바꾸어 쓸 수 있는 낱말을 **보기** 에서 찾아 쓰세요.

보기　　구경　　영토　　훈육

9　독도는 소중한 우리의 국토이다.　　　　　　　(　　　)

10　오늘까지 미술관에서 그림을 무료로 관람할 수 있다.　(　　　)

걸린 시간　　　　분　　　맞은 개수　　　　개

교과 어휘 - 다의어

가꾸다

① 식물이나 그것을 기르는 장소 등을 손질하고 보살피다.

예 우리 반은 화단에서 토마토를 **가꾼다**.

② 몸을 잘 매만지거나 꾸미다.

예 내 짝꿍도 잘 **가꾸어** 놓으니 완전히 다른 사람 같다.

③ 좋은 상태로 만들려고 보살피고 꾸려 가다.

예 우리의 꿈을 앞으로도 잘 **가꾸어** 가자.

구멍

① 뚫어지거나 파낸 자리.

예 지우개로 너무 세게 지웠더니 공책에 **구멍**이 뚫렸다.

② 어려움을 헤쳐 나갈 길을 이르는 말.

예 적들에게 둘러싸여 빠져나갈 **구멍**이 보이지 않았다.

③ 허점이나 약점을 이르는 말.

예 그 선수는 우리 팀의 **구멍**이다.

교과 어휘 - 동음이의어

갈다¹

잘게 부수기 위하여 단단한 물건에 대고 문지르거나 단단한 물건 사이에 넣어 으깨다.

예 맷돌로 콩을 갈아서 두부를 만들어 먹었다.

갈다²

사용하던 것을 버리고 다른 것으로 바꾸다.

예 전구를 새 것으로 갈았다.

누르다¹

물체의 전체 면이나 부분에 대하여 힘이나 무게를 가하다.

예 동생이 피아노 건반을 아무렇게나 **누른다**.

누르다²

황금이나 놋쇠와 같은 빛깔을 띤 상태에 있다.

예 나무 밑에 **누른** 잎들이 떨어져 있다.

어휘 쏙 **놋쇠** 구리에 아연을 섞어 만든 쇠붙이.

확인학습

1-2 **밑줄 친 낱말의 뜻으로 알맞은 것의 기호를 쓰세요.**

1 책을 읽는 것은 마음을 <u>가꾸는</u> 한 가지 방법이다. ( )

㉠ 몸을 잘 매만지거나 꾸미다.
㉡ 좋은 상태로 만들려고 보살피고 꾸려 가다.

2 가을이 되자 벌판이 <u>누른</u> 빛깔로 변해 갔다. ( )

㉠ 황금이나 놋쇠와 같은 빛깔을 띤 상태에 있다.
㉡ 물체의 전체 면이나 부분에 대하여 힘이나 무게를 가하다.

3-5 **다음 밑줄 친 낱말의 뜻풀이를 찾아 바르게 선으로 이으세요.**

3 <u>구멍</u>이 뚫려 물이 샌다. • • ㉠ 뚫어지거나 파낸 자리.

4 바빠도 숨 쉴 <u>구멍</u>은 있어야지. • • ㉡ 허점이나 약점을 이르는 말.

5 우리의 계획에 <u>구멍</u>이 생기지 않 • • ㉢ 어려움을 헤쳐 나갈 길을 이르는 말.
도록 단단히 준비해야 한다.

6-7 **빈칸에 들어갈 알맞은 낱말을 보기 에서 찾아 쓰세요.**

> **보기** 가꾸고 갈아 눌러서

6 작년보다 눈이 더 나빠져서 안경알을 ( ) 끼웠다.

7 누군가가 초인종을 ( ) 밖에 나가 보니 진수가 서 있었다.

8-9 **다음 뜻풀이에 알맞은 낱말을 보기 에서 찾아 기호를 쓰세요.**

> **보기** 다영: 사과를 ㉠<u>갈아</u> 마시고 싶은데 믹서가 고장 났는지 움직이지 않아.
> 수희: 건전지를 새 것으로 ㉡<u>갈아</u> 봐.

8 사용하던 것을 버리고 다른 것으로 바꾸다. ( )

9 잘게 부수기 위하여 단단한 물건에 대고 문지르거나 단단한 물건 사이에 넣어 으깨다.

( )

걸린 시간   분   맞은 개수   개

03회

심화 어휘 - 주제별 속담

★ 말의 중요성

가는 말이 고와야 오는 말이 곱다	자기가 남에게 말이나 행동을 좋게 하여야 남도 자기에게 좋게 한다는 말. 예 가는 말이 고와야 오는 말이 곱다고, 네가 먼저 날 놀려서 내가 화를 낸 거야.	
말은 해야 맛이고 고기는 씹어야 맛이다	마땅히 할 말은 해야 한다는 말. 예 말은 해야 맛이고 고기는 씹어야 맛이니, 그냥 고백해 봐.	
말 한마디에 천 냥 빚도 갚는다	말만 잘하면 어려운 일이나 불가능해 보이는 일도 해결할 수 있다는 말. 예 말 한마디에 천 냥 빚도 갚는다더니, 그림을 잘 그린다고 칭찬했을 뿐인데 짝꿍이 내 미술 숙제를 도와주었다.	

심화 어휘 - 주제별 관용어

★ 가슴과 관련된 관용어

가슴을 펴다	굽힐 것 없이 당당하다. 예 모두 반대하는 상황에서도 다인이는 가슴을 펴고 자기의 의견을 말했다.	
가슴이 넓다	이해심이 많다. 예 우리 형은 가슴이 넓어서 내가 무슨 말을 해도 잘 들어 준다.	
가슴이 뜨끔하다	마음이 깜짝 놀라거나 양심의 가책을 받다. 예 언니 일기장을 몰래 보고 있는데 방문이 열려서 가슴이 뜨끔했다.	

▼ 정답 28쪽

확인학습

1-3 **다음 관용어와 그 뜻풀이를 바르게 선으로 이으세요.**

1 가슴을 펴다 •

2 가슴이 넓다 •

3 가슴이 뜨끔하다 •

• ㉠ 이해심이 많다.

• ㉡ 굽힐 것 없이 당당하다.

• ㉢ 마음이 깜짝 놀라거나 양심의 가책을 받다.

4-5 **다음 뜻풀이에 알맞은 속담을 보기 에서 찾아 기호를 쓰세요.**

> **보기** ㉠ 말 한마디에 천 냥 빚도 갚는다
> ㉡ 가는 말이 고와야 오는 말이 곱다
> ㉢ 말은 해야 맛이고 고기는 씹어야 맛이다

4 마땅히 할 말은 해야 한다는 말. ( )

5 자기가 남에게 말이나 행동을 좋게 하여야 남도 자기에게 좋게 한다는 말. ( )

6-7 **빈칸에 들어갈 알맞은 낱말을 보기 에서 찾아 쓰세요.**

> **보기** 고기 과일 한마디 한줄기

6 말은 해야 맛이고 ( )은/는 씹어야 맛이라고 했으니 어려운 일이 생기면 숨기지 말고 말해 줘.

7 말 ( )에 천 냥 빚도 갚는다더니 다른 사람을 배려해서 말한 것이 이렇게 도움이 될 줄 몰랐다.

8 **다음 상황에 알맞은 관용어를 골라 ○표를 하세요.**

> 친구들과 축구를 하다가 화단의 나뭇가지를 꺾고 말았다. 선생님이 누가 그랬는지 물어 보셨을 때 가슴이 (뜨거웠다, 뜨끔했다). 나는 내 잘못이라고 사실대로 털어놓았다. 가슴이 (넓으신, 좁으신) 선생님은 나를 용서해 주셨다.

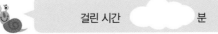

걸린 시간 분 맞은 개수 개

04회

교과 어휘 – 한자어

사회
□
□

근처
近 가까울 근 | 處 곳 처

가까운 곳.

예 집 **근처** 공원에서 불꽃놀이 축제가 열렸다.

사회
□
□

기념
記 기록할 기 | 念 생각 념

뜻깊은 일이나 사건을 잊지 않고 마음에
되새김.

예 처음 한라산에 오른 **기념**으로 사진을 찍었다.

과학
□
□

나열
羅 벌일 나 | 列 벌일 열

죽 벌여 놓음. 또는 죽 벌여 있음.

예 색연필을 길이가 짧은 순서대로 **나열**했다.

유의어 **진열** 여러 사람에게
보이기 위하여 물건을 죽 벌
여 놓음.

국어
□
□

난방
暖 따뜻할 난 | 房 방 방

실내의 온도를 높여 따뜻하게 하는 일.

예 집 안에서 내복을 입으면 **난방**에 드는 비용을
아낄 수 있다.

어휘 쏙 **실내** 방이나 건물 등
의 안.

국어
□
□

난폭
亂 어지러울 난 | 暴 사나울 폭

행동이 몹시 거칠고 사나움.

예 학교 가는 길에 **난폭**한 개가 있어서 지나가기 무섭다.

유의어 **포악** 사납고 악함.

국어
□
□

낭비
浪 물결 낭 | 費 쓸 비

시간이나 재물 등을 헛되이 헤프게 씀.

예 양치할 때 수도꼭지를 잠가서 물 **낭비**를 막자.

반의어 **절약** 함부로 쓰지 아
니하고 꼭 필요한 데에만 써
서 아낌.

국어
□
□

누명
陋 더러울 누 | 名 이름 명

사실이 아닌 일로 이름을 더럽히는 억울한 **평판**.

예 김 씨는 다른 사람의 물건을 훔쳤다는 **누명**을 썼다.

어휘 쏙 **평판** 세상에 널리 퍼
진 소문.

확인학습

▶ 정답 28쪽

1-3 다음 낱말과 그 뜻풀이를 바르게 선으로 이으세요.

1 나열 •

2 난방 •

3 난폭 •

• ㉠ 행동이 몹시 거칠고 사나움.

• ㉡ 죽 벌여 놓음. 또는 죽 벌여 있음.

• ㉢ 실내의 온도를 높여 따뜻하게 하는 일.

4-6 다음 낱말의 뜻풀이에 알맞은 말을 골라 ○표를 하세요.

4 낭비 (시간, 신체)(이)나 재물 등을 헛되이 헤프게 씀.

5 기념 뜻깊은 일이나 사건을 잊지 않고 (마음, 몸)에 되새김.

6 누명 사실이 아닌 일로 (생각, 이름)을 더럽히는 억울한 평판.

7-8 빈칸에 들어갈 알맞은 낱말을 보기 에서 찾아 쓰세요.

보기   근처   기념   낭비

7 지훈이네 집 (   )에 맛있는 아이스크림 가게가 있다.

8 약속 시간에 늦는 것은 기다리는 사람의 시간을 (   )하는 일이다.

9 보기 의 밑줄 친 낱말과 바꾸어 쓸 수 있는 낱말은 무엇인가요?

보기   찬희는 지금까지 받은 상장을 거실 벽에 나열해 두었다.

① 설치   ② 정리   ③ 진열   ④ 진행

걸린 시간   분   맞은 개수   개

교과 어휘 - 고유어

낡다

① 오래되어 헐고 허름하다.
> 예 신발이 많이 **낡았지만** 아끼는 것이라 버리지 않았다.

② 시대에 뒤떨어져 새롭지 못하다.
> 예 그런 **낡은** 생각은 이제 바꾸어야 한다.

납작하다

판판하고 얇으면서 좀 넓다.
> 예 나는 뒤통수가 **납작해서** 고민이다.

> 유의어 판판하다 물건의 표면이 높낮이가 없이 평평하고 너르다.

내려앉다

땅이나 건물, 다리 등이 무너져 내리거나 **꺼지다**.
> 예 도로가 갑자기 **내려앉아** 큰 사고가 났다.

> 어휘 쏙 꺼지다 물체의 바닥 등이 내려앉아 빠지다.

눈금

자·저울·온도계 등에 표시하여 길이·양·도수 등을 나타내는 금.
> 예 이 컵에는 물의 양을 확인할 수 있는 **눈금**이 그려져 있다.

다듬다

맵시 있게 매만지거나 가꾸다.
> 예 미용실에서 머리를 **다듬었다**.

> 반의어 어지르다 정돈되어 있는 일이나 물건을 뒤섞거나 뒤얽히게 하다.

다툼

의견이나 **이해**가 달라 서로 따지며 싸우는 일.
> 예 친구들 사이에 **다툼**이 벌어졌다.

> 어휘 쏙 이해 이익과 손해를 아울러 이르는 말.

닳다

오랜 사용으로 갈리거나 문질러져 낡거나 줄어들다.
> 예 내가 좋아하는 파란색 크레파스가 많이 **닳았다**.

> 유의어 해어지다 닳아서 떨어지다.

1-3 다음 뜻풀이에 알맞은 낱말을 보기 에서 찾아 쓰세요.

> 보기　　　　　　낡다　　　내려앉다　　　다듬다　　　닳다

1 시대에 뒤떨어져 새롭지 못하다.　　　　　　　　　　　　(　　　　)

2 땅이나 건물, 다리 등이 무너져 내리거나 꺼지다.　　　　(　　　　)

3 오랜 사용으로 갈리거나 문질러져 낡거나 줄어들다.　　　(　　　　)

4-5 다음 밑줄 친 낱말과 바꾸어 쓸 수 있는 낱말을 찾아 바르게 선으로 이으세요.

4 그는 옷소매가 다 닳은 옷을 입고 있다. •　　　　　　• ㉠ 판판한

5 박물관에서 글씨가 새겨진 납작한 돌을 •　　　　　　• ㉡ 해어진
　　보았다.

6-7 다음 낱말의 뜻풀이에 알맞은 말을 골라 ○표를 하세요.

6 다툼　　의견이나 이해가 달라 서로 따지며 (싸우는, 우는) 일.

7 눈금　　자·저울·온도계 등에 (표시, 추가)하여 길이·양·도수 등을 나타내는 금.

8-9 빈칸에 들어갈 알맞은 낱말을 보기 에서 찾아 쓰세요.

> 보기　　　　　　낡았다　　　내려앉았다　　　다듬었다

8 정원의 나무를 동그랗게 (　　　　).

9 학교에 입학할 때 산 가방이 많이 (　　　　).

걸린 시간 　　　　분　　　맞은 개수 　　　　개

심화 어휘 – 헷갈리기 쉬운 낱말

껍데기
달걀이나 조개 등의 겉을 싸고 있는 단단한 물질.
예 망치로 호두 껍데기를 깨서 알맹이만 모았다.

껍질
물체의 겉을 싸고 있는 단단하지 않은 물질.
예 양파 껍질을 벗기다가 눈물이 났다.

꼽다
수나 날짜를 세려고 손가락을 하나씩 헤아리다.
예 동생은 손가락을 꼽으며 놀이동산에 가는 날을 기다렸다.

꽂다
쓰러지거나 빠지지 아니하게 박아 세우거나 끼우다.
예 모래 위에 깃발을 꽂았다.

낫다
병이나 상처 등이 고쳐져 본래대로 되다.
예 친구의 감기가 빨리 나았으면 좋겠다.

낳다
배 속의 아이, 새끼, 알을 몸 밖으로 내놓다.
예 민수네 개가 강아지를 다섯 마리 낳았다.

1-3 다음 낱말과 그 뜻풀이를 바르게 선으로 이으세요.

1 능력 •　　　　　　　　　• ㉠ 일을 감당해 낼 수 있는 힘.

2 당번 •　　　　　　　　　• ㉡ 마주 대하여 이야기를 주고받음. 또는 그 이야기.

3 대화 •　　　　　　　　　• ㉢ 어떤 일을 책임지고 돌보는 차례가 됨. 또는 그 차례가 된 사람.

4-6 다음 낱말의 뜻풀이에 알맞은 말을 골라 ○표를 하세요.

4 단순　복잡하지 않고 (간단, 간섭)함.

5 도구　어떤 목적을 이루기 위한 수단이나 (방법, 방향).

6 단속　규칙이나 법령, 명령 등을 (어기도록, 지키도록) 통제함.

7-8 빈칸에 들어갈 알맞은 낱말을 보기 에서 찾아 쓰세요.

> 보기　　　　　　단속　　당장　　도구

7 그림 그릴 때 필요한 (　　　　)들을 모아 두었다.

8 언니는 빌려간 옷을 (　　　　) 내놓으라고 화를 냈다.

9-10 다음 밑줄 친 낱말과 바꾸어 쓸 수 있는 낱말을 보기 에서 찾아 쓰세요.

> 보기　　　　　　담화　　역량　　즉시

9 그들은 밤새도록 대화를 나누었다.　　　　　　　　　（　　　　）

10 지금 대회에 나가기에는 아직 능력이 부족하다.　　　（　　　　）

걸린 시간　　　　분　　　맞은 개수　　　　개

교과 어휘 - 고유어

대꾸

남의 말을 받아 자기 생각을 밝히거나 나타냄.

예 문 밖에서 몇 번을 불러도 아무런 **대꾸**가 없었다.

유의어 대척 묻는 말에 대한 응답이나 반응.

더없다

더할 나위가 없다.

예 낮잠을 자는 것은 더없는 즐거움이다.

덥석

왈칵 달려들어 닁큼 물거나 움켜잡는 모양.

예 아기가 어머니의 손을 **덥석** 잡았다.

어휘 쏙 닁큼 머뭇거리지 않고 단번에 빨리.

데우다

식었거나 찬 것을 덥게 하다.

예 우유를 따뜻하게 **데워** 마셨다.

반의어 식히다 더운 기가 없어지며 차가워지게 하다.

되돌아보다

① 다시 생각해 보다.

예 지난해를 **되돌아보니** 좋은 일이 참 많았다.

② 고개를 돌려 다시 보다.

예 기훈이가 지나가는 것 같아서 **되돌아보았다**.

유의어 반추하다 어떤 일을 되풀이하여 음미하거나 생각하다.

되풀이하다

같은 말이나 일을 자꾸 하다.

예 앞으로 이런 실수를 **되풀이하지** 않을 것이다.

유의어 반복하다 같은 일을 되풀이하다.

뒤덮다

빈 데가 없이 온통 덮다.

예 하얀 눈이 온 세상을 **뒤덮었다**.

1-3 다음 뜻풀이에 알맞은 낱말을 **보기** 에서 찾아 쓰세요.

> **보기**
>
> 더없다 　 데우다 　 되돌아보다 　 뒤덮다

1 고개를 돌려 다시 보다. 　　　　　　　　　　　　(　　　　)

2 빈 데가 없이 온통 덮다. 　　　　　　　　　　　　(　　　　)

3 식었거나 찬 것을 덥게 하다. 　　　　　　　　　　(　　　　)

4-5 다음 밑줄 친 낱말과 바꾸어 쓸 수 있는 낱말을 찾아 바르게 선으로 이으세요.

4 일기는 나의 행동을 <u>되돌아보게</u> 해 준다. •

　　　　　　　　　　　　　　　　　　　　• ㉠ 반복하게

5 자꾸 같은 말을 <u>되풀이하게</u> 만들지 마라. •

　　　　　　　　　　　　　　　　　　　　• ㉡ 반추하게

6-8 다음 낱말이 들어갈 문장을 찾아 바르게 선으로 이으세요.

6 대꾸 •　　　• ㉠ 꽃잎이 흩날리는 봄 풍경은 (　　　) 아름답다.

7 더없이 •　　　• ㉡ 내가 떨어뜨린 공을 강아지가 (　　　) 물어갔다.

8 덥석 •　　　• ㉢ 영은이는 화가 났는지 (　　　) 한마디 하지 않았다.

9 **보기** 의 밑줄 친 낱말과 뜻이 <u>반대</u>인 낱말은 무엇인가요?

> **보기**
>
> 전자레인지를 이용하면 음식을 간편하게 <u>데워</u> 먹을 수 있다.

① 굳혀 　　　　② 녹여 　　　　③ 식혀 　　　　④ 얼려

걸린 시간 　　　 분 　　　 맞은 개수 　　　 개

심화 어휘 – 주제별 한자 성어

★ 평범한 사람들

갑남을녀
甲 갑옷 갑 | 男 사내 남 | 乙 새 을 | 女 여자 녀

갑이란 남자와 을이란 여자라는 뜻으로, 평범한 사람들을 이르는 말.
예 좋은 사회는 **갑남을녀**가 골고루 잘 사는 사회이다.

장삼이사
張 베풀 장 | 三 석 삼 | 李 오얏 이 | 四 넉 사

장씨의 셋째 아들과 이씨의 넷째 아들이라는 뜻으로, 이름이나 신분이 특별하지 아니한 평범한 사람들을 이르는 말.
예 선생님이 내 재능을 몰라보셨다면, 나는 **장삼이사**로 살았을 것이다.

초동급부
樵 나무할 초 | 童 아이 동 | 汲 길을 급 | 婦 며느리 부

땔나무를 하는 아이와 물을 긷는 아낙네라는 뜻으로, 평범한 사람을 이르는 말.
예 국어사전은 **초동급부**도 알아볼 수 있을 만큼 쉬워야 한다.

필부필부
匹 짝 필 | 夫 지아비 부 | 匹 짝 필 | 婦 며느리 부

평범한 남녀.
예 그 드라마는 **필부필부**의 사랑 이야기를 다루고 있다.

★ 바쁘고 분주함

동분서주
東 동녘 동 | 奔 달릴 분 | 西 서녘 서 | 走 달릴 주

동쪽으로 뛰고 서쪽으로 뛴다는 뜻으로, 사방으로 이리저리 몹시 바쁘게 돌아다님을 이르는 말.
예 어머니는 손님이 오신다는 말에 **동분서주**로 뛰어다니셨다.

우왕좌왕
右 오른쪽 우 | 往 갈 왕 | 左 왼쪽 좌 | 往 갈 왕

이리저리 왔다 갔다 하며 일이나 나아가는 방향을 종잡지 못함.
예 **우왕좌왕**하지 말고 한 줄로 서서 움직이세요.
어휘 쏙 종잡다 어림짐작으로 헤아려 알아내다.

1-3 다음 한자 성어와 그 뜻풀이를 바르게 선으로 이으세요.

1 갑남을녀 •

• ㉠ 평범한 남녀.

2 우왕좌왕 •

• ㉡ 이리저리 왔다 갔다 하며 일이나 나아가는 방향을 종잡지 못함.

3 필부필부 •

• ㉢ 갑이란 남자와 을이란 여자라는 뜻으로, 평범한 사람들을 이르는 말.

4-5 다음 한자 성어의 뜻풀이에 알맞은 말을 골라 ○표를 하세요.

4 초동급부 땔나무를 하는 (아이, 남자)와 물을 긷는 아낙네라는 뜻으로, 평범한 사람을 이르는 말.

5 동분서주 동쪽으로 뛰고 (남쪽, 서쪽)으로 뛴다는 뜻으로, 사방으로 이리저리 몹시 바쁘게 돌아다님을 이르는 말.

6-8 빈칸에 들어갈 알맞은 한자 성어를 보기 에서 찾아 쓰세요.

보기 동분서주　　우왕좌왕　　장삼이사

6 소풍을 갔다가 혼자 길을 잃어서 (　　　　　) 헤맸다.

7 그 부자는 (　　　　　)에게도 늘 공손히 대해서 존경받는다.

8 청소 검사가 오 분밖에 안 남아서 (　　　　　)하며 교실을 치웠다.

9 다음 밑줄 친 상황을 표현하기에 알맞은 한자 성어는 무엇인가요?

어머니께서 심부름을 시키셨다. 가게와 도서관, 우체국을 모두 다녀오려면 바쁘게 움직여야 한다.

① 갑남을녀　　② 동분서주　　③ 장삼이사　　④ 초동급부　　⑤ 필부필부

걸린 시간　　　　분　　맞은 개수　　　　개

교과 어휘 – 한자어

국어

독립
獨 홀로 독 | 立 설 립

다른 것에 매이거나 의존하지 아니하는 상태로 됨.
⑩ 새들은 어느 정도 자라면 둥지를 떠나 어미 새로부터 **독립**한다.

어휘쏙 의존 다른 것에 기대어 생활하거나 존재함.

국어

동양
東 동녘 동 | 洋 큰 바다 양

유럽 대륙의 동쪽에 위치한 아시아 지역.
⑩ 대한민국은 **동양**에 속하는 나라이다.

사회

등장
登 오를 등 | 場 마당 장

무대나 연단 등에 나옴.
⑩ 드디어 이 연극의 주인공이 **등장**했다.

반의어 퇴장 어떤 장소에서 물러남.

과학

만물
萬 일 만 만 | 物 물건 물

세상에 있는 모든 것.
⑩ 봄은 **만물**이 다시 살아나는 계절이다.

유의어 만유 우주에 있는 모든 것.

사회

명절
名 이름 명 | 節 마디 절

해마다 일정하게 지키어 즐기거나 기념하는 때.
⑩ **명절**에는 많은 사람들이 고향을 찾는다.

사회

목장
牧 칠 목 | 場 마당 장

일정한 시설을 갖추어 소나 말, 양 등을 놓아기르는 곳.
⑩ **목장**에서 소들이 풀을 뜯고 있다.

어휘쏙 시설 도구, 기계, 장치 등을 베풀어 설비함.

국어

무례
無 없을 무 | 禮 예도 례

태도나 말에 예의가 없음.
⑩ 처음 본 사람에게 반말하는 것은 **무례**한 행동이다.

유의어 결례 예의범절에서 벗어나는 짓을 함. 또는 예의를 갖추지 못함.

[1-3] **다음 낱말과 그 뜻풀이를 바르게 선으로 이으세요.**

1 독립 •

2 등장 •

3 명절 •

• ㉠ 무대나 연단 등에 나옴.

• ㉡ 해마다 일정하게 지키어 즐기거나 기념하는 때.

• ㉢ 다른 것에 매이거나 의존하지 아니하는 상태로 됨.

[4-6] **다음 낱말의 뜻풀이에 알맞은 말을 골라 ○표를 하세요.**

4 만물 세상에 있는 (모든, 좋은) 것.

5 무례 태도나 말에 예의가 (있음, 없음).

6 동양 유럽 대륙의 (동쪽, 북쪽)에 위치한 아시아 지역.

[7-8] **빈칸에 들어갈 알맞은 낱말을 보기 에서 찾아 쓰세요.**

> **보기**   등장   명절   목장

7 그 남자가 (   )하기만 하면 사람들은 웃음을 터뜨렸다.

8 이 (   )은 소들에게서 하루에 1톤 정도의 우유를 얻는다.

[9-10] **다음 밑줄 친 낱말과 바꾸어 쓸 수 있는 낱말을 보기 에서 찾아 쓰세요.**

> **보기**   결례   만유   퇴장

9 재영이는 자신의 말을 끊는 친구의 <u>무례</u>에 화가 났다.   (   )

10 과학자 뉴턴은 <u>만물</u>이 서로를 잡아당기고 있다고 말했다.   (   )

걸린 시간   분   맞은 개수   개

교과 어휘 - 다의어

그늘

① 어두운 부분.

예 나무 그늘에서 조금 쉬었다 가자.

② 의지할 만한 사람의 보호나 혜택.

예 선생님의 그늘 아래서 무사히 공부를 마칠 수 있었다.

어휘쏙 혜택 은혜와 덕택을 아울러 이르는 말.

③ 근심이나 불행으로 어두워진 마음. 또는 그 마음이 드러난 표정.

예 준비물을 챙겨오지 못한 짝꿍의 얼굴에 그늘이 졌다.

꼬리

① 동물의 꽁무니나 몸뚱이의 뒤 끝에 붙어서 조금 나와 있는 부분.

예 공작새는 꼬리에 아름다운 깃털이 나 있다.

② 사물의 한쪽 끝에 길게 내민 부분을 이르는 말.

예 길게 매단 연 꼬리가 하늘에서 펄럭거린다.

③ 사람을 찾거나 쫓아갈 수 있을 만한 흔적.

예 범인은 꼬리가 잡히지 않도록 조심스럽게 움직였다.

교과 어휘 - 동음이의어

등¹

사람이나 동물의 몸통에서 가슴과 배의 반대쪽 부분.

예 등에 가방을 메고 학교에 간다.

등²
燈 등 등

불을 켜서 어두운 곳을 밝히거나 신호를 보내는 기구.

예 교실의 등이 하나 나가서 어두워졌다.

매¹

사람이나 짐승을 때리는 막대기, 몽둥이, 회초리, 곤장, 방망이 등을 통틀어 이르는 말.

예 억울하게 매를 맞으니 눈물이 난다.

매²

맷과의 새를 통틀어 이르는 말. 매, 바다매, 쇠황조롱이, 황조롱이 등이 있다.

예 옛날 사람들은 매를 데리고 사냥에 나갔다.

1-2 밑줄 친 낱말의 뜻으로 알맞은 것의 기호를 쓰세요.

1 매가 하늘로 날아오르자 쥐가 얼른 바위틈에 숨었다. ( )

ㄱ 맷과의 새를 통틀어 이르는 말. 매, 바다매, 쇠황조롱이, 황조롱이 등이 있다.
ㄴ 사람이나 짐승을 때리는 막대기, 몽둥이, 회초리, 곤장, 방망이 등을 통틀어 이르는 말.

2 이 식물은 그늘에 두면 꽃이 피지 않는다. ( )

ㄱ 어두운 부분.
ㄴ 의지할 만한 사람의 보호나 혜택.

3-4 다음 밑줄 친 낱말의 뜻풀이를 찾아 바르게 선으로 이으세요.

3 고양이가 꼬리를 살랑살랑 흔들·
며 지나간다.

· ㄱ 사람을 찾거나 쫓아갈 수 있을 만한
흔적.

4 그동안 많은 사람들을 속여 왔던·
사기꾼의 꼬리가 밟혔다.

· ㄴ 동물의 꽁무니나 몸뚱이의 뒤 끝에 붙
어서 조금 나와 있는 부분.

5-6 빈칸에 들어갈 알맞은 낱말을 보기 에서 찾아 쓰세요.

보기   그늘   등   매

5 그녀의 얼굴은 늘 ( ) 없이 환했다.

6 잘못했다고 무조건 ( )(으)로 때리는 것은 옳지 못하다.

7-8 다음 뜻풀이에 알맞은 낱말을 보기 에서 찾아 기호를 쓰세요.

보기 동생: 방에 ㄱ등이 나가서 새 것으로 갈아야 하는데 손이 닿지 않아.
형: 내가 엎드릴 테니 ㄴ등을 밟고 올라가.

7 사람이나 동물의 몸통에서 가슴과 배의 반대쪽 부분. ( )

8 불을 켜서 어두운 곳을 밝히거나 신호를 보내는 기구. ( )

걸린 시간   분   맞은 개수   개

심화 어휘 - 주제별 속담

★ 어려움 속에서의 희망

고생 끝에 낙이 온다	어려운 일이나 고된 일을 겪은 뒤에는 반드시 즐겁고 좋은 일이 생긴다는 말. 예 고생 끝에 낙이 온다고 했으니, 우리 조금만 더 노력해 보자.
쥐구멍에도 볕 들 날 있다	몹시 고생만 하는 사람도 언젠가는 좋은 때를 만날 날이 있다는 말. 예 쥐구멍에도 볕 들 날 있다더니, 드디어 나에게도 행운이 찾아왔다.
하늘이 무너져도 솟아날 구멍이 있다	아무리 어려운 경우에 처하더라도 살아 나갈 방도가 생긴다는 말. 예 하늘이 무너져도 솟아날 구멍이 있다더니, 비가 갑자기 내리는데 사물함에 우산이 들어 있었다.

심화 어휘 - 주제별 관용어

★ 길과 관련된 관용어

갈 길이 멀다	앞으로 해야 할 일들이 많이 남아 있다. 예 숙제를 다 끝내려면 아직도 갈 길이 멀다.
갈림길에 서다	선택을 해야 하는 위치에 놓이다. 예 나는 전학을 갈 것인지 말 것인지 갈림길에 서 있다.
길이 바쁘다	목적하는 곳까지 빨리 가야 할 사정이다. 예 저는 길이 바빠서 먼저 가보겠습니다.

1-3 다음 관용어와 그 뜻풀이를 바르게 선으로 이으세요.

1 갈 길이 멀다 •   • ㉠ 선택을 해야 하는 위치에 놓이다.

2 갈림길에 서다 •   • ㉡ 앞으로 해야 할 일들이 많이 남아 있다.

3 길이 바쁘다 •   • ㉢ 목적하는 곳까지 빨리 가야 할 사정이다.

4-5 다음 뜻풀이에 알맞은 속담을 보기 에서 찾아 기호를 쓰세요.

> 보기 ㉠ 고생 끝에 낙이 온다
> ㉡ 쥐구멍에도 볕 들 날 있다
> ㉢ 하늘이 무너져도 솟아날 구멍이 있다

4 아무리 어려운 경우에 처하더라도 살아 나갈 방도가 생긴다는 말.   (   )

5 몹시 고생만 하는 사람도 언젠가는 좋은 때를 만날 날이 있다는 말.   (   )

6-7 빈칸에 들어갈 알맞은 낱말을 보기 에서 찾아 쓰세요.

> 보기   구멍   낙   날   하루

6 하늘이 무너져도 솟아날 (   )이/가 있다고, 길을 잃었는데 경찰관을 만났다.

7 비록 지금은 힘들고 어렵지만 고생 끝에 (   )이/가 온다고 했으니 희망을 놓지 말아야겠다.

8 다음 상황에 알맞은 관용어를 골라 ○표를 하세요.

> 미술 대회에 낼 그림을 완성하려면 아직 갈 길이 (가까워서, 멀어서) 수업을 마치고 바로 집에 갈 준비를 했다. 그런데 하얀이가 함께 놀자고 했다. 나는 집으로 바로 갈지 하얀이와 함께 놀지 갈림길에 (섰다, 앉았다). 하지만 곧 결정을 하고 길이 (바쁘다며, 좁다며) 혼자 집으로 향했다.

걸린 시간   분   맞은 개수   개

교과 어휘 – 한자어

무료
無 없을 무 | 料 헤아릴 료

요금이 없음.
예 여덟 살 미만의 어린이는 **무료**로 들어갈 수 있다.

반의어 유료 요금을 내게 되어 있음.

무시
無 없을 무 | 視 볼 시

사물의 뜻이나 가치를 가볍게 여기거나 인정하지 않음.
예 규빈이는 나와 싸운 후부터 내 말을 **무시**했다.

유의어 경시 대수롭지 않게 보거나 업신여김.

무조건
無 없을 무 | 條 가지 조 | 件 물건 건

이리저리 살피지 아니하고 덮어놓고.
예 나는 고양이 그림이 그려진 물건은 **무조건** 사고 싶다.

유의어 무작정 얼마라든지 혹은 어떻게 하리라고 미리 정한 것이 없이.

문양
文 글월 문 | 樣 모양 양

물건의 표면에 나타난 어룽진 모양.
예 장롱에 나비 **문양**이 새겨져 있다.

어휘 쏙 표면 사물의 가장 바깥쪽 혹은 위쪽의 부분.

미각
味 맛 미 | 覺 깨달을 각

맛을 느끼는 감각. 단맛, 짠맛, 신맛, 쓴맛의 네 종류의 기본 감각이 있다.
예 그 요리사는 **미각**이 뛰어나다.

방문
訪 찾을 방 | 問 물을 문

어떤 사람이나 장소를 찾아가서 만나거나 봄.
예 갑자기 **방문**하게 되어 죄송합니다.

방안
方 모 방 | 案 책상 안

어떤 문제를 해결하기 위한 방법이나 계획.
예 학교 앞에서 일어나는 교통사고를 막을 **방안**이 필요하다.

유의어 방침 앞으로 일을 치러 나갈 방향과 계획.

1-3 다음 낱말과 그 뜻풀이를 바르게 선으로 이으세요.

1 무료 •   • ㉠ 요금이 없음.

2 무시 •   • ㉡ 어떤 사람이나 장소를 찾아가서 만나거나 봄.

3 방문 •   • ㉢ 사물의 뜻이나 가치를 가볍게 여기거나 인정하지 않음.

4-5 다음 낱말의 뜻풀이에 알맞은 말을 골라 ○표를 하세요.

4 문양   (물건, 사람)의 표면에 나타난 어룽진 모양.

5 방안   어떤 문제를 (구경, 해결)하기 위한 방법이나 계획.

6-7 빈칸에 들어갈 알맞은 낱말을 보기 에서 찾아 쓰세요.

> 보기   무조건   미각   방문

6 감기에 걸렸더니 (   )이 둔해졌다.

7 유명한 사람의 말이라고 (   ) 맞는 것은 아니다.

8-9 다음 밑줄 친 낱말과 바꾸어 쓸 수 있는 낱말을 보기 에서 찾아 쓰세요.

> 보기   경시   무작정   방침

8 다 같이 물을 아낄 <u>방안</u>을 생각해 봅시다.   (   )

9 작은 동물의 생명이라도 <u>무시</u>하면 안 된다.   (   )

걸린 시간   분   맞은 개수   개

교과 어휘 - 고유어

뒤죽박죽

여럿이 마구 뒤섞여 엉망이 된 모양. 또는 그 상태.

예 상자를 떨어뜨리는 바람에 상자 안의 물건이 **뒤죽박죽**이 되었다.

유의어 ▶ 엉망 일이나 사물이 헝클어져서 갈피를 잡을 수 없을 만큼 어수선한 상태.

들러붙다

끈기 있게 철썩 붙다.

예 신발에 낙엽이 **들러붙었다**.

따돌리다

① 믿거나 싫은 사람을 따로 떼어 멀리하다.

예 어쩐지 친구들이 나를 **따돌리는** 것 같다.

② 뒤쫓는 사람이 따라잡지 못할 만큼 간격을 벌려 앞서 나가다.

예 우리 팀 선수가 상대 팀 선수를 **따돌리고** 결승선에 들어왔다.

유의어 ▶ 외면하다 마주치기를 꺼리어 피하거나 얼굴을 돌리다.

땔감

불을 때는 데 쓰는 재료.

예 가을 동안 마련한 **땔감**이 창고에 가득 쌓였다.

유의어 ▶ 연료 열, 빛, 동력 등의 에너지를 얻고자 태우는 재료를 통틀어 이르는 말.

떡잎

씨앗에서 움이 트면서 맨 처음에 나오는 잎.

예 지난주에 심은 꽃씨에서 **떡잎**이 나왔다.

어휘 쏙 움 풀이나 나무에 새로 돋아 나오는 싹.

또랑또랑하다

조금도 흐리지 않고 아주 밝고 똑똑하다.

예 그녀는 **또랑또랑하고** 맑은 목소리로 책을 읽었다.

마찬가지

사물의 모양이나 일의 형편이 서로 같음.

예 창문이 열려 있어 바깥에 있는 것이나 **마찬가지**로 추웠다.

유의어 ▶ 매한가지 결국 서로 같음.

확인 학습

1-3 다음 뜻풀이에 알맞은 낱말을 **보기** 에서 찾아 쓰세요.

> **보기**
>
> 뒤죽박죽   땔감   떡잎   마찬가지

1 불을 때는 데 쓰는 재료.   (   )

2 사물의 모양이나 일의 형편이 서로 같음.   (   )

3 씨앗에서 움이 트면서 맨 처음에 나오는 잎.   (   )

4-6 다음 밑줄 친 낱말과 바꾸어 쓸 수 있는 낱말을 찾아 바르게 선으로 이으세요.

4 참나무는 우리가 자주 사용하는 <u>땔감</u>이다. •

5 생각할 것이 너무 많아서 머릿속이 <u>뒤죽박죽</u> •
이 되었다.

6 아픈 것을 싫어하는 것은 사람이나 동물이나 •
<u>마찬가지</u>이다.

• ㉠   매한가지

• ㉡   엉망

• ㉢   연료

7-9 다음 낱말이 들어갈 문장을 찾아 바르게 선으로 이으세요.

7 들러붙었다 •

8 따돌렸다 •

9 또랑또랑했다 •

• ㉠ 그들은 내가 어리다는 이유만으로 (   ).

• ㉡ 정전기 때문에 머리카락이 얼굴에 (   ).

• ㉢ 며칠 감기로 앓던 동생이 오늘은 괜찮아졌는지
눈이 (   ).

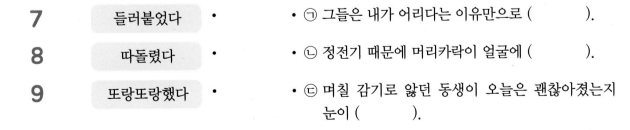

걸린 시간   분   맞은 개수   개

심화 어휘 – 헷갈리기 쉬운 낱말

너비

평면이나 넓은 물체의 가로를 잰 길이.

예 양 발을 어깨 **너비**만큼 벌려라.

어휘 쏙 평면 평평한 표면.

넓이

일정한 평면에 걸쳐 있는 공간이나 범위의 크기.

예 그 방의 **넓이**는 다리를 펴고 누울 수 없을 정도로 좁았다.

느리다

어떤 동작을 하거나 움직이는 데 걸리는 시간이 길다.

예 나무늘보는 아주 **느린** 동물이다.

늘이다

본디보다 더 길어지게 하다.

예 고무줄을 내 팔 길이만큼 **늘였다**.

달리다

재물이나 기술, 힘 등이 모자라다.

예 힘이 **달려서** 일을 더는 못 하겠다.

딸리다

어떤 것에 매이거나 붙어 있다.

예 할머니 댁에는 넓은 잔디밭이 **딸려** 있다.

1-2 **다음 낱말과 그 뜻풀이를 바르게 선으로 이으세요.**

1 느리다 •
  • ㉠ 재물이나 기술, 힘 등이 모자라다.

2 달리다 •
  • ㉡ 어떤 동작을 하거나 움직이는 데 걸리는 시간이 길다.

3-5 **빈칸에 들어갈 알맞은 낱말을** 보기 **에서 찾아 쓰세요.**

보기   너비   넓이   느리지만   늘이지만   달리지만

3 거북이는 육지에서는 (   ) 물속에서는 매우 빠르다.

4 언니는 교복을 맞추기 위해 자로 어깨의 (   )을/를 쟀다.

5 지금은 다른 친구들에 비해 실력이 (   ) 앞으로 더 노력할 것이다.

6-7 **다음 문장에 알맞은 낱말을 골라 ○표를 하세요.**

6 음료수를 샀더니 사은품으로 컵이 (달려, 딸려) 왔다.

7 물에 들어가기 전에 몸을 쭉쭉 (느리며, 늘이며) 준비 운동을 했다.

8-9 **다음 글에서 잘못된 부분을 찾아 바르게 고쳐 쓰세요.**

나는 학교 대표로 수영 대회에 나가게 되었다. 대회가 열리는 경기장의 너비는 우리 학교 운동장을 두 개 합한 것만큼이나 넓었다. 맨 처음에는 내가 가장 빨랐지만 점점 숨이 딸렸다. 결국 다른 학교 학생에게 역전당하고 말았다.

8 (   ) → (   )

9 (   ) → (   )

걸린 시간   분   맞은 개수   개

교과 어휘 – 한자어

방해
妨 방해할 방 | 害 해할 해

남의 일을 간섭하고 막아 해를 끼침.
예 공부를 **방해**할 만한 것들을 책상에서 다 치웠다.

유의어 ▶ 훼방 남의 일을 잘못 되게 하거나 못하게 함.

벽화
壁 벽 벽 | 畵 그림 화

건물이나 동굴, 무덤 등의 벽에 그린 그림.
예 학교의 낡은 담벼락에 **벽화**를 그리기로 했다.

변명
辨 분별할 변 | 明 밝을 명

어떤 잘못이나 실수에 대하여 구실을 대며 그 까닭을 말함.
예 효진이는 버스를 놓쳐서 지각했다고 **변명**했다.

유의어 ▶ 핑계 내키지 아니하 는 일을 피하거나 사실을 감 추려고 다른 일을 내세움.

변화
變 변할 변 | 化 될 화

사물의 성질, 모양, 상태 등이 바뀌어 달라짐.
예 물을 냉동실에 넣으면 얼음으로 **변화**한다.

유의어 ▶ 변동 바뀌어 달라짐.

보건소
保 지킬 보 | 健 굳셀 건 | 所 바 소

질병의 예방, 진료, 공중 보건을 향상시키기 위하여 각 시·군·구에 둔 공공 의료 기관.
예 **보건소**에서 독감 예방 주사를 맞았다.

어휘 쏙 보건 건강을 지키고 유지하는 일.

보안경
保 지킬 보 | 眼 눈 안 | 鏡 거 울 경

눈을 보호하기 위하여 쓰는 안경.
예 이 실험을 하기 전에는 꼭 **보안경**을 쓰세요.

본래
本 근본 본 | 來 올 래

사물이나 사실이 전하여 내려온 그 처음.
예 그는 **본래**부터 말이 없는 편이다.

유의어 ▶ 원래 사물이 전하여 내려온 그 처음.

1-3 다음 낱말과 그 뜻풀이를 바르게 선으로 이으세요.

1 벽화 •
2 변명 •
3 보안경 •

• ㉠ 눈을 보호하기 위하여 쓰는 안경.

• ㉡ 건물이나 동굴, 무덤 등의 벽에 그린 그림.

• ㉢ 어떤 잘못이나 실수에 대하여 구실을 대며 그 까닭을 말함.

4-6 다음 낱말의 뜻풀이에 알맞은 말을 골라 ○표를 하세요.

4 방해 남의 일을 간섭하고 막아 해를 (끼움, 끼침).

5 본래 사물이나 (사실, 사전)이 전하여 내려온 그 처음.

6 변화 사물의 성질, 모양, 상태 등이 (나뉘어, 바뀌어) 달라짐.

7-8 빈칸에 들어갈 알맞은 낱말을 보기 에서 찾아 쓰세요.

보기   벽화   변명   보건소

7 (   )에 가면 내 키와 몸무게를 확인할 수 있다.

8 많은 사람들이 (   ) 앞에서 사진을 찍기 위해 이 동네를 찾아온다.

9 보기 의 밑줄 친 낱말과 바꾸어 쓸 수 있는 낱말은 무엇인가요?

보기   봄은 날씨 변화가 큰 계절이다.

① 고정   ② 변동   ③ 원래   ④ 정지

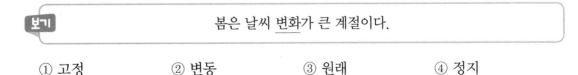

걸린 시간   분   맞은 개수   개

 교과 어휘 - 고유어

말소리

말하는 소리.
예 창문 너머로 아이들의 **말소리**가 들려 왔다.

유의어 음성 사람의 목소리나 말소리.

맨손

① 아무것도 끼거나 감지 아니한 손.
예 밤송이를 **맨손**으로 만지면 위험하다.
② 아무것도 가지지 아니한 상태를 이르는 말.
예 그는 **맨손**으로 시작하여 부자가 되었다.

맵시

아름답고 보기 좋은 모양새.
예 학교 가기 전에 거울 앞에서 **맵시**를 냈다.

유의어 태 보기 좋게 다듬은 모양새.

머슴살이

남의 머슴 노릇을 하는 일.
예 칠복이는 이 집에서 삼십 년간 **머슴살이**를 했다.

어휘 쏙 머슴 주로 농사짓는 집에서 그 집의 농사일과 잡일을 해 주고 삯을 받는 사내.

메아리

울려 퍼져 가던 소리가 산이나 절벽 같은 데에 부딪쳐 되울려오는 소리.
예 동굴에서 말을 하니 **메아리**가 되어 돌아왔다.

유의어 산울림 울려 퍼져 가던 소리가 산이나 절벽 같은 데에 부딪쳐 되울려오는 소리.

모시

모시풀 껍질의 섬유로 짠 천. 베보다 곱고 빛깔이 희며 여름 옷감으로 많이 쓰인다.
예 우리 할머니는 **모시**로 된 옷을 자주 입으신다.

어휘 쏙 섬유 실을 잣는 재료가 되는 가는 털 모양의 물질.

모퉁이

구부러지거나 꺾어져 돌아간 자리.
예 **모퉁이**를 돌자 나를 기다리던 친구가 보였다.

1-3 다음 뜻풀이에 알맞은 낱말을 **보기**에서 찾아 쓰세요.

> **보기**
>
> 맨손   머슴살이   메아리   모퉁이

1 아무것도 끼거나 감지 아니한 손.   (   )

2 구부러지거나 꺾어져 돌아간 자리.   (   )

3 울려 퍼져 가던 소리가 산이나 절벽 같은 데에 부딪쳐 되울려오는 소리. (   )

4-6 다음 밑줄 친 낱말과 바꾸어 쓸 수 있는 낱말을 찾아 바르게 선으로 이으세요.

4 새 옷을 입으니 <u>맵시</u>가 난다.   •   • ㉠ 산울림

5 선생님은 부드러운 <u>말소리</u>로 말씀하셨다. •   • ㉡ 음성

6 숲속에서 <u>메아리</u>를 내면 동물들이 깜짝 •   • ㉢ 태
놀랄 수 있다.

7-9 다음 낱말이 들어갈 문장을 찾아 바르게 선으로 이으세요.

7 머슴살이 •   • ㉠ 돌쇠는 힘든 (   )에 눈물을 흘렸다.

8 모시 •   • ㉡ 저쪽 (   )을/를 돌면 바로 우체국이
나옵니다.

9 모퉁이 •   • ㉢ 충청남도의 한산은 튼튼한 (   )을/를
만들기로 유명하다.

걸린 시간   분   맞은 개수   개

심화 어휘 – 주제별 한자 성어

★ 크게 웃음

박장대소

拍 손뼉칠 박 | 掌 손바닥 장 | 大 클 대 | 笑 웃음 소

손뼉을 치며 크게 웃음.

예 영화를 보는 동안 곳곳에서 **박장대소**가 터졌다.

파안대소

破 깨뜨릴 파 | 顔 얼굴 안 | 大 클 대 | 笑 웃음 소

매우 즐거운 표정으로 활짝 웃음.

예 동생은 울다가 나의 우스꽝스러운 표정에 **파안대소**를 터뜨렸다.

포복절도

抱 안을 포 | 腹 배 복 | 絶 끊을 절 | 倒 넘어질 도

배를 그러안고 넘어질 정도로 몹시 웃음.

예 만화책이 너무 재미있어서 **포복절도**했다.

★ 외로운 처지

고립무원

孤 외로울 고 | 立 설 립 | 無 없을 무 | 援 도울 원

고립되어 도움을 받을 데가 없음.

예 친구들도 내 편을 들어주지 않는 **고립무원**의 신세였다.

어휘쏙 **고립** 다른 사람과 어울리어 사귀지 아니하거나 도움을 받지 못하여 외톨이로 됨.

사고무친

四 넉 사 | 顧 돌아볼 고 | 無 없을 무 | 親 친할 친

의지할 만한 사람이 아무도 없음.

예 **사고무친**의 외로운 노인들을 잘 돌보아 드려야 한다.

어휘쏙 **의지** 다른 것에 마음을 기대어 도움을 받음. 또는 그렇게 하는 대상.

혈혈단신

孑 외로울 혈 | 孑 외로울 혈 | 單 홑 단 | 身 몸 신

의지할 곳이 없는 외로운 홀몸.

예 영어 공부를 하기 위해 **혈혈단신**으로 미국에 왔다.

1-3 다음 한자 성어와 그 뜻풀이를 바르게 선으로 이으세요.

1 　고립무원　 •　　　　　　　• ㉠ 손뼉을 치며 크게 웃음.

2 　박장대소　 •　　　　　　　• ㉡ 의지할 곳이 없는 외로운 홀몸.

3 　혈혈단신　 •　　　　　　　• ㉢ 고립되어 도움을 받을 데가 없음.

4-5 다음 한자 성어의 뜻풀이에 알맞은 말을 골라 ○표를 하세요.

4 　사고무친　　(의미, 의지)할 만한 사람이 아무도 없음.

5 　포복절도　　(머리, 배)를 그러안고 넘어질 정도로 몹시 웃음.

6-8 빈칸에 들어갈 알맞은 한자 성어를 보기 에서 찾아 쓰세요.

보기　　　　고립무원　　　파안대소　　　포복절도　　　혈혈단신

6 오랜만에 나를 만난 친구가 (　　　　　　)하며 좋아했다.

7 작년 여름 방학에 나는 (　　　　　　)(으)로 자전거 여행을 떠났다.

8 내 졸업 사진을 본 미정이는 (　　　　　　)하다 뒤로 넘어지기까지 했다.

9 **다음 밑줄 친 상황을 표현하기에 알맞은 한자 성어는 무엇인가요?**

> 오늘 알람을 듣지 못해 늦잠을 잤다. 학교에 늦을까 봐 급하게 뛰어나왔는데, 나중에 보니 양쪽에 다른 신발을 신고 있었다. 그 모습을 본 친구가 박수를 치며 깔깔 웃었다.

① 고립무원　　② 박장대소　　③ 사고무친　　④ 포복절도　　⑤ 혈혈단신

 걸린 시간 　　　분　　　맞은 개수 　　　개

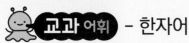

 교과 어휘 – 한자어

부위
部 떼 부 | 位 자리 위

전체에 대하여 어떤 부분이 차지하는 위치.
예 상처 난 **부위**에 물이 닿지 않도록 하세요.

분류
分 나눌 분 | 類 무리 류

종류에 따라서 가름.
예 사과를 크기별로 **분류**해라.

유의어 **분별** 서로 다른 일이나 사물을 구별하여 가름.

분위기
雰 눈 날릴 분 | 圍 에워쌀 위 | 氣 기운 기

어떤 대상 또는 그 주변에서 풍겨 나오는 느낌.
예 지수가 화가 났는지 쌀쌀맞은 **분위기**를 풍긴다.

유의어 **공기** 그 자리에 감도는 기분이나 분위기.

불평
不 아닐 불 | 平 평평할 평

마음에 들지 아니하여 못마땅하게 여김. 또는 그것을 말이나 행동으로 드러냄.
예 일이 너무 힘들어서 **불평**을 늘어놓았다.

유의어 **넋두리** 불만을 길게 늘어놓으며 하소연하는 말.

비용
費 쓸 비 | 用 쓸 용

어떤 일을 하는 데 드는 돈.
예 이 정도 **비용**이면 여행을 가기에 충분하다.

유의어 **경비** 어떤 일을 하는 데 드는 비용.

사방
四 넉 사 | 方 모 방

① 동, 서, 남, 북 네 쪽을 통틀어 이르는 말.
예 집의 **사방**을 울타리로 둘렀다.
② 여러 곳.
예 너를 **사방**으로 찾아다녔다.

사양
辭 말씀 사 | 讓 사양할 양

겸손하여 받지 아니하거나 응하지 아니함. 또는 남에게 양보함.
예 **사양** 말고 많이 드세요.

어휘 쏙 **응하다** 물음이나 요구, 필요에 맞추어 대답하거나 행동하다.

확인학습

1-3 다음 낱말과 그 뜻풀이를 바르게 선으로 이으세요.

1 분류 •   • ㉠ 종류에 따라서 가름.

2 사방 •   • ㉡ 동, 서, 남, 북 네 쪽을 통틀어 이르는 말.

3 사양 •   • ㉢ 겸손하여 받지 아니하거나 응하지 아니함. 또는 남에게 양보함.

4-6 다음 낱말의 뜻풀이에 알맞은 말을 골라 ○표를 하세요.

4 비용   어떤 일을 하는 데 드는 (돈, 시간).

5 부위   전체에 대하여 어떤 (부분, 부품)이 차지하는 위치.

6 분위기   어떤 대상 또는 그 (아래, 주변)에서 풍겨 나오는 느낌.

7-8 빈칸에 들어갈 알맞은 낱말을 보기 에서 찾아 쓰세요.

> 보기   부위   불평   사양

7 급하게 한 부탁인데 (   ) 없이 들어주어서 고마워.

8 김 씨는 어려운 이웃들에게 써 달라며 상금을 (   )했다.

9-10 다음 밑줄 친 낱말과 바꾸어 쓸 수 있는 낱말을 보기 에서 찾아 쓰세요.

> 보기   경비   공기   넓두리

9 옷을 사는 데 쓰는 비용을 줄이기로 했다.   (   )

10 수현이는 재미있는 말로 어색한 분위기를 풀어 주었다.   (   )

걸린 시간   분   맞은 개수   개

교과 어휘 - 다의어

끝

① 시간, 공간, 사물 등에서 더 이상 이어지지 않는 지점이나 부분.

예 화장실은 복도 맨 끝에 있습니다.

② 긴 물건에서 가느다란 쪽의 맨 마지막 부분.

예 송곳 끝이 뾰족하니 조심하세요.

③ 행동이나 일이 있은 다음의 결과.

예 우리 반은 노력한 끝에 우승하였다.

돌다

① 물체가 일정한 축을 중심으로 원을 그리면서 움직이다.

예 바람이 불자 풍차가 돌았다.

② 어떤 장소의 가장자리를 따라 움직이다.

예 운동장을 두 바퀴 돌았다.

③ 소문이나 돌림병 등이 퍼지다.

예 선생님이 학교를 그만두신다는 소문이 돌았다.

교과 어휘 - 동음이의어

무리¹

사람이나 짐승, 사물 등이 모여서 뭉친 한 동아리.

예 작은 물고기들이 무리를 지어 헤엄친다.

무리²

無 없을 무 | 理 다스릴 리

도리나 이치에 맞지 않거나 정도에서 지나치게 벗어남.

예 너무 무리를 했는지 몸살에 걸렸다.

바르다¹

겉으로 보기에 비뚤어지거나 굽은 데가 없다.

예 선을 바르게 그어 보세요.

바르다²

풀이나 물, 화장품 등을 표면에 고루 묻히다.

예 식빵에 잼을 발라 먹었다.

1-2 밑줄 친 낱말의 뜻으로 알맞은 것의 기호를 쓰세요.

1 주차장을 몇 바퀴 돌았지만 차를 대지 못했다. ( )

㉠ 소문이나 돌림병 등이 퍼지다.
㉡ 어떤 장소의 가장자리를 따라 움직이다.

2 길을 가다 외국인 무리를 만났다. ( )

㉠ 사람이나 짐승, 사물 등이 모여서 뭉친 한 동아리.
㉡ 도리나 이치에 맞지 않거나 정도에서 지나치게 벗어남.

3-5 다음 밑줄 친 낱말의 뜻풀이를 찾아 바르게 선으로 이으세요.

3 오래 고민한 끝에 결정하였다. •

• ㉠ 행동이나 일이 있은 다음의 결과.

4 학교 수업은 오후 두 시에 끝이 난다. •

• ㉡ 긴 물건에서 가느다란 쪽의 맨 마지막 부분.

5 규빈이는 빨대 끝을 씹는 버릇이 있다. •

• ㉢ 시간, 공간, 사물 등에서 더 이상 이어지지 않는 지점이나 부분.

6-7 빈칸에 들어갈 알맞은 낱말을 보기 에서 찾아 쓰세요.

> 보기   끝   돌고   무리   바르고

6 내가 이 책을 읽는 것은 아직 ( )이다.

7 운동장에 밤마다 귀신이 나타난다는 이야기가 ( ) 있다.

8-9 다음 뜻풀이에 알맞은 낱말을 보기 에서 찾아 기호를 쓰세요.

> 보기   영우에게 편지를 썼다. 내가 하고 싶은 말을 ㉠바른 글씨로 또박또박 적었다. 그런 다음 편지지를 접어서 봉투에 넣었다. 봉투에 풀을 꼼꼼하게 ㉡바르고 떨어지지 않게 붙였다. 내일 영우가 편지를 받고 웃었으면 좋겠다.

8 풀이나 물, 화장품 등을 표면에 고루 묻히다. ( )

9 겉으로 보기에 비뚤어지거나 굽은 데가 없다. ( )

걸린 시간   분   맞은 개수   개

심화 어휘 – 주제별 속담

★ 작은 것이 모여서 큰일을 이룸

낙숫물이 댓돌을 뚫는다

작은 힘이라도 꾸준히 계속하면 큰일을 이룰 수 있음을 이르는 말.

예 낙숫물이 댓돌을 뚫는다더니 연산 문제집을 매일 한 장씩 풀어서 결국 한 권을 풀었다.

열 번 찍어 아니 넘어가는 나무 없다

아무리 뜻이 굳은 사람이라도 여러 번 권하거나 꾀고 달래면 결국은 마음이 변한다는 말.

예 열 번 찍어 아니 넘어가는 나무 없다고 했으니 매일 친구 집에 찾아가 부탁해야겠다.

티끌 모아 태산

아무리 작은 것이라도 모이고 모이면 나중에 큰 덩어리가 됨을 이르는 말.

예 티끌 모아 태산이라더니 호영이는 저금통에 모은 동전으로 새 신발을 샀다.

심화 어휘 – 주제별 관용어

★ 귀와 관련된 관용어

귀를 의심하다

믿기 어려운 이야기를 들어 잘못 들은 것이 아닌가 생각하다.

예 삼촌이 결혼한다는 말에 나는 귀를 의심했다.

귀에 딱지가 앉다

어떠한 말을 너무 많이 들어서 익숙하거나 지겹다.

예 그 말은 귀에 딱지가 앉도록 들었으니 그만 해라.

귀청이 떨어지다

소리가 몹시 크다.

예 천둥소리가 어찌나 크던지 귀청이 떨어질 뻔했다.

1-3 다음 관용어와 그 뜻풀이를 바르게 선으로 이으세요.

1 귀를 의심하다 •

2 귀에 딱지가 앉다 •

3 귀청이 떨어지다 •

• ㉠ 소리가 몹시 크다.

• ㉡ 어떠한 말을 너무 많이 들어서 익숙하거나 지겹다.

• ㉢ 믿기 어려운 이야기를 들어 잘못 들은 것이 아닌가 생각하다.

4-5 다음 뜻풀이에 알맞은 속담을 보기 에서 찾아 기호를 쓰세요.

> 보기 ㉠ 티끌 모아 태산
> ㉡ 낙숫물이 댓돌을 뚫는다
> ㉢ 열 번 찍어 아니 넘어가는 나무 없다

4 작은 힘이라도 꾸준히 계속하면 큰일을 이룰 수 있음을 이르는 말. (   )

5 아무리 작은 것이라도 모이고 모이면 나중에 큰 덩어리가 됨을 이르는 말. (   )

6-7 빈칸에 들어갈 알맞은 낱말을 보기 에서 찾아 쓰세요.

> 보기   껍질   나무   댓돌   딱지   사람

6 누나와 사이좋게 지내라고 귀에 (   )이/가 앉도록 이야기했는데 또 싸웠구나.

7 열 번 찍어 아니 넘어가는 (   ) 없다는 말도 있으니 네 진심을 알아줄 때까지 사과해 봐.

8 다음 상황에 알맞은 관용어를 골라 ○표를 하세요.

> 민석이에게 지난주에 빌려간 색연필을 돌려 달라고 말했다. 민석이는 색연필이 집에 있다고 말했다. 나는 내 귀를 (세웠다, 의심했다). 내가 오늘 색연필이 필요하다고 귀에 딱지가 (앉도록, 떨어지도록) 말했는데! 나는 민석이의 귀청이 (떨어져라, 올라가라) 소리를 질렀다.

걸린 시간   분   맞은 개수   개

교과 어휘 – 한자어

사치
奢 사치할 사 | 侈 사치할 치

필요 이상의 돈이나 물건을 쓰거나 분수에 지나친 생활을 함.

예 그 부자는 **사치**가 너무 심해서 몇 년 만에 가난해졌다.

어휘쏙 분수 자기 신분에 맞는 한도.

산소
山 메 산 | 所 바 소

사람의 무덤을 높여 이르는 말.

예 이번 추석에 할아버지의 **산소**를 찾아뵈었다.

유의어 묘 사람의 무덤.

산수화
山 메 산 | 水 물 수 | 畵 그림 화

동양화에서, 산과 물이 어우러진 자연의 아름다움을 그린 그림.

예 우리나라 조상들은 **산수화**를 즐겨 그렸다.

유의어 풍경화 자연의 경치를 그린 그림.

상점
商 장사 상 | 店 가게 점

일정한 시설을 갖추고 물건을 파는 곳.

예 어머니가 **상점**에서 고구마를 한 상자 사오셨다.

색소
色 빛 색 | 素 본디 소

색깔을 내는 데에 있어서 바탕이 되는 물질.

예 치자나무의 열매는 노란색 **색소**를 얻는 데 쓰인다.

생기
生 날 생 | 氣 기운 기

싱싱하고 힘찬 기운.

예 여름의 숲은 **생기**가 넘친다.

유의어 활력 살아 움직이는 힘.

서류
書 글 서 | 類 무리 류

글자로 기록한 문서를 통틀어 이르는 말.

예 도서부에 가입하려면 이 **서류**의 빈칸을 채워서 내세요.

어휘쏙 문서 글이나 기호 등으로 생각이나 어떤 일에 대한 의견을 나타낸 것.

▼ 정답 30쪽

1-3 다음 낱말과 그 뜻풀이를 바르게 선으로 이으세요.

1 사치 •
2 색소 •
3 서류 •

• ㉠ 글자로 기록한 문서를 통틀어 이르는 말.

• ㉡ 색깔을 내는 데에 있어서 바탕이 되는 물질.

• ㉢ 필요 이상의 돈이나 물건을 쓰거나 분수에 지나친 생활을 함.

4-6 다음 낱말의 뜻풀이에 알맞은 말을 골라 ○표를 하세요.

4 산소 사람의 (무덤, 집)을 높여 이르는 말.

5 상점 일정한 시설을 갖추고 물건을 (모으는, 파는) 곳.

6 산수화 동양화에서, 산과 물이 어우러진 (시골, 자연)의 아름다움을 그린 그림.

7-8 빈칸에 들어갈 알맞은 낱말을 보기에서 찾아 쓰세요.

보기	상점　　색소　　생기

7 그 (　　　　)에서는 과일과 야채를 판다.

8 친한 친구가 전학을 가고 나서 나는 (　　　　)을/를 잃었다.

9-10 다음 밑줄 친 낱말과 바꾸어 쓸 수 있는 낱말을 보기에서 찾아 쓰세요.

보기	묘　　풍경화　　활력

9 우리 할머니의 <u>산소</u>는 제주도에 있다. (　　　　)

10 미술관에서 본 <u>산수화</u>는 정말 아름다웠다. (　　　　)

걸린 시간　　　　분　　맞은 개수　　　　개

교과 어휘 – 고유어

몰아내다

몰아서 밖으로 쫓거나 나가게 하다.

예 교실 안으로 들어온 잠자리를 창밖으로 **몰아냈다**.

▶유의어 추방하다 쫓아내어 보내다.

몸짓

몸을 놀리는 모양.

예 영수는 말하지 말아 달라며 손가락을 입에 대는 **몸짓**을 보였다.

▶유의어 행동 몸을 움직여 동작을 하거나 어떤 일을 함.

몹시

더할 수 없이 심하게.

예 오늘 날씨가 **몹시** 춥다.

▶유의어 무척 다른 것과 견줄 수 없이.

무게

물건의 무거운 정도.

예 너무 무게가 많이 나가서 손으로 들 수 없었다.

물끄러미

우두커니 한곳만 바라보는 모양.

예 나는 **물끄러미** 천장을 올려다보았다.

▶유의어 멀거니 넋을 놓고 멍하게.

물컹하다

너무 익거나 곯아서 물크러질 정도로 물렁하다.

예 복숭아가 너무 익어서 **물컹**해졌다.

▶유의어 무르다 굳은 것이 물렁거리게 되다.

밑동

나무줄기에서 뿌리에 가까운 부분.

예 나무 **밑동**에서 버섯이 자란다.

1-3 다음 뜻풀이에 알맞은 낱말을 **보기** 에서 찾아 쓰세요.

보기　　　　몸짓　　무게　　물끄러미　　밑동

1 몸을 놀리는 모양.　　　　　　　　　　　　(　　　　)

2 우두커니 한곳만 바라보는 모양.　　　　　　(　　　　)

3 나무줄기에서 뿌리에 가까운 부분.　　　　　(　　　　)

4-6 다음 밑줄 친 낱말과 바꾸어 쓸 수 있는 낱말을 찾아 바르게 선으로 이으세요.

4 하늘에 날리는 눈송이를 <u>물끄러미</u> 바라 ·
보았다.

　　　　　　　　　　　　　　　　　　· ㉠ 멀거니

5 시끄러운 동생들을 <u>몰아내니</u> 이제야 조 ·
용하다.

　　　　　　　　　　　　　　　　　　· ㉡ 무르니

6 며칠 전만 해도 딱딱하던 감이 이렇게 ·
<u>물컹하니</u> 신기하다.

　　　　　　　　　　　　　　　　　　· ㉢ 추방하니

7-9 다음 낱말이 들어갈 문장을 찾아 바르게 선으로 이으세요.

7 몸짓 ·

　　　　　　　· ㉠ 내 몸의 (　　　)은/는 25킬로그램이다.

8 몹시 ·

　　　　　　　· ㉡ 발레를 하는 무용수들의 (　　　)이/가 참 아름
답다.

9 무게 ·

　　　　　　　· ㉢ 어제 늦게 자는 바람에 오늘 아침에 (　　　) 늦
게 일어났다.

걸린 시간　　　　　분　　　맞은 개수　　　　　개

심화 어휘 – 헷갈리기 쉬운 낱말

덥다

기온이나 날씨가 사람이 느끼기에 쾌적한 정도 이상으로 높다.

예 날이 너무 더워서 물놀이를 갔다.

어휘 쏙 쾌적하다 기분이 상쾌하고 즐겁다.

덮다

물건 등이 드러나거나 보이지 않도록 넓은 천 등을 얹어서 씌우다.

예 추워서 이불을 머리까지 덮고 잤다.

띄다

무엇이 눈에 보이거나 들어오다.

예 술래의 눈에 띄지 않도록 꼭꼭 숨었다.

띠다

① 빛깔이나 색채 등을 가지다.

예 붉은빛을 띠는 장미가 아름답다.

② 감정이나 기운 등을 나타내다.

예 미소를 띤 얼굴로 옆을 바라보았다.

모래

아주 잘게 부스러진 돌 부스러기.

예 해수욕장에서 모래를 만지며 놀았다.

모레

내일의 다음 날.

예 모레 여기에서 만나자.

1-2 **다음 낱말과 그 뜻풀이를 바르게 선으로 이으세요.**

1 덥다 •

2 띠다 •

• ㉠ 빛깔이나 색채 등을 가지다.

• ㉡ 기온이나 날씨가 사람이 느끼기에 쾌적한 정도 이상으로 높다.

3-5 **빈칸에 들어갈 알맞은 낱말을 보기 에서 찾아 쓰세요.**

보기
덮고   띄고   띠고   모래   모레

3 은찬이는 (   ) 위에 자기의 이름을 썼다.

4 마술사가 까만 천으로 상자를 (   ) 주문을 외웠다.

5 비가 오는 날에는 눈에 잘 (   ) 밝은 옷을 입어야 한다.

6-7 **다음 문장에 알맞은 낱말을 골라 ○표를 하세요.**

6 (모래, 모레) 아침에 받아쓰기 시험을 보겠습니다.

7 누가 내 등을 쳐서 돌아봤더니 누나가 장난기를 (띤, 띈) 얼굴로 서 있다.

8-9 **다음 글에서 잘못된 부분을 찾아 바르게 고쳐 쓰세요.**

아프리카의 사하라 사막은 지구에서 가장 큰 사막이다. 사하라 사막에 가면 메마른 산과 자갈로 이루어진 벌판, 그리고 끝없이 펼쳐진 모레를 볼 수 있다. 이 사막은 낮에는 몹시 덮고 해가 지면 아주 추워진다.

8 (   ) → (   )

9 (   ) → (   )

걸린 시간   분   맞은 개수   개

교과 어휘 - 한자어

국어
선정
選 가릴 선 | 定 정할 정

여럿 가운데서 어떤 것을 뽑아 정함.
예 김한나 씨의 책이 올해의 우수 도서로 선정되었다.

유의어 선발 많은 가운데서 골라 뽑음.

사회
성묘
省 살필 성 | 墓 무덤 묘

조상의 산소를 찾아 인사를 하고 산소를 돌봄.
예 이번 가을에 온 가족이 성묘를 하러 다녀왔다.

국어
성장
成 이룰 성 | 長 긴 장

사람이나 동식물 등이 자라서 점점 커짐.
예 햇볕을 많이 받으면 나무의 성장이 빨라진다.

유의어 생장 생물이 나서 자람.

사회
소독
消 사라질 소 | 毒 독 독

상처나 물체 등에 묻어 있는 병원균을 약품이나 열, 햇빛 등으로 죽임.
예 상처에 소독약을 바르니 따끔따끔하다.

어휘 쏙 병원균 병의 원인이 되는 균.

국어
소품
小 작을 소 | 品 물건 품

연극 무대나 영화 촬영장에서 사용하는 작은 물품.
예 연극에서 쓸 소품을 빠뜨리지 않고 다 챙겼다.

유의어 소도구 연극이나 영화 촬영에서, 무대 장치나 분장에 쓰이는 작은 도구들을 통틀어 이르는 말.

과학
수거
收 거둘 수 | 去 갈 거

거두어 감.
예 매주 월요일과 수요일에 쓰레기를 수거합니다.

사회
수리
修 닦을 수 | 理 다스릴 리

고장 나거나 허름한 데를 손보아 고침.
예 고장 난 휴대 전화의 수리를 맡겼다.

유의어 수선 낡거나 헌 물건을 고침.

1-3 다음 낱말과 그 뜻풀이를 바르게 선으로 이으세요.

1 성묘 •
• ㉠ 고장 나거나 허름한 데를 손보아 고침.

2 소품 •
• ㉡ 조상의 산소를 찾아 인사를 하고 산소를 돌봄.

3 수리 •
• ㉢ 연극 무대나 영화 촬영장에서 사용하는 작은 물품.

4-6 다음 낱말의 뜻풀이에 알맞은 말을 골라 ○표를 하세요.

4 선정 여럿 가운데서 어떤 것을 (뻗어, 뽑아) 정함.

5 성장 사람이나 동식물 등이 자라서 점점 (작아짐, 커짐).

6 소독 상처나 물체 등에 묻어 있는 병원균을 약품이나 열, (물, 햇빛) 등으로 죽임.

7-8 빈칸에 들어갈 알맞은 낱말을 보기에서 찾아 쓰세요.

보기   성장   소품   수거

7 골고루 먹는 것은 (   )에 아주 중요하다.

8 집배원 아저씨는 매일 우체통 속 편지를 (   )해 가신다.

9 보기의 밑줄 친 낱말과 바꾸어 쓸 수 있는 낱말은 무엇인가요?

보기   은행나무가 우리 학교를 대표하는 나무로 선정되었다.

① 생장   ② 선발   ③ 선언   ④ 선전

 걸린 시간 ⬭ 분   맞은 개수 ⬭ 개

교과 어휘 - 고유어

바로잡다

① 굽거나 비뚤어진 것을 곧게 하다.

예 거울을 보며 옷매무새를 바로잡았다.

② 그릇된 일을 바르게 만들거나 잘못된 것을 올바르게 고치다.

예 매일 오 분씩 늦는 버릇을 바로잡아야 한다.

유의어 정정하다 글자나 글 등의 잘못을 고쳐서 바로잡다.

버럭버럭

성이 나서 잇따라 기를 쓰거나 소리를 냅다 지르는 모양.

예 그 남자는 자신의 집에 도둑이 든 것을 보고 버럭버럭 소리를 질렀다.

보금자리

① 새가 알을 낳거나 깃들이는 곳.

예 제비가 처마 밑에 보금자리를 만들었다.

② 지내기에 매우 포근하고 아늑한 곳을 이르는 말.

예 이제부터 여기가 우리의 보금자리이다.

어휘 쏙 아늑하다 포근하게 감싸 안기듯 편안하고 조용한 느낌이 있다.

보람

어떤 일을 한 뒤에 얻어지는 좋은 결과나 만족감.

예 시험에 합격하다니, 그간 밤을 새운 보람이 있었네.

유의어 만족감 모자람이 없이 마음에 흡족한 느낌.

보배

아주 귀하고 소중한 물건이나 사람.

예 어린이는 나라의 보배이다.

유의어 보물 썩 드물고 귀한 가치가 있는 보배로운 물건.

부슬부슬

눈이나 비가 조용히 성기게 내리는 모양.

예 부슬부슬 내리는 비를 보니 기분이 좋다.

어휘 쏙 성기다 물건 사이가 떠서 빈 공간이 많다.

북적이다

많은 사람이 한곳에 모여 매우 수선스럽게 들끓다.

예 버스 정류장이 사람들로 북적였다.

1-3 다음 뜻풀이에 알맞은 낱말을 보기 에서 찾아 쓰세요.

> 보기   버럭버럭   보금자리   보배   부슬부슬

1 새가 알을 낳거나 깃들이는 곳.   (   )

2 눈이나 비가 조용히 성기게 내리는 모양.   (   )

3 성이 나서 잇따라 기를 쓰거나 소리를 냅다 지르는 모양.   (   )

4-5 다음 낱말의 뜻풀이에 알맞은 말을 골라 ○표를 하세요.

4 북적이다   많은 사람이 한곳에 모여 매우 (별스럽게, 수선스럽게) 들끓다.

5 바로잡다   그릇된 일을 (나쁘게, 바르게) 만들거나 잘못된 것을 올바르게 고치다.

6-7 다음 밑줄 친 낱말과 바꾸어 쓸 수 있는 낱말을 찾아 바르게 선으로 이으세요.

6 내 막내 동생은 우리 집의 <u>보배</u>이다.   •

•　㉠　만족감

7 노래 실력이 점점 더 나아져서 <u>보람</u>을 느꼈다.   •

•　㉡　보물

8-9 다음 낱말이 들어갈 문장을 찾아 바르게 선으로 이으세요.

8 버럭버럭   •

•　㉠　어머니가 어질러진 집을 보더니 (   ) 화를 내셨다.

9 부슬부슬   •

•　㉡　(   ) 내리는 비에 꽃과 나무가 촉촉하게 젖었다.

걸린 시간 　　　　 분　　　 맞은 개수 　　　　 개

심화 어휘 – 주제별 한자 성어

★ 기운과 세력

기호지세
騎 말 탈 기 | 虎 범 호 | 之 어조사 지 | 勢 형세 세

이미 시작한 일을 중도에서 그만둘 수 없는 경우를 이르는 말.
예 책상을 다 정리한 나는 **기호지세**로 바닥까지 닦기 시작했다.

파죽지세
破 깨뜨릴 파 | 竹 대 죽 | 之 어조사 지 | 勢 형세 세

대를 쪼개는 기세라는 뜻으로, 적을 거침없이 물리치고 쳐들어가는 기세를 이르는 말.
예 일본을 꺾은 한국은 그 후 **파죽지세**로 5연승을 달성했다.

호연지기
浩 넓을 호 | 然 그럴 연 | 之 어조사 지 | 氣 기운 기

하늘과 땅 사이에 가득 찬 넓고 큰 원기.
예 이번 수련회는 학생들에게 **호연지기**를 길러 줄 것이다.

★ 관리의 자세

공명정대
公 공평할 공 | 明 밝을 명 | 正 바를 정 | 大 클 대

하는 일이나 태도가 사사로움이나 그릇됨이 없이 아주 정당하고 떳떳함.
예 우리 모두 **공명정대**한 사회를 만들기 위해 노력해야 한다.

공평무사
公 공평할 공 | 平 평평할 평 | 無 없을 무 | 私 사사 사

공평하여 사사로움이 없음.
예 햇볕은 누구에게나 **공평무사**하게 내리쬔다.

청렴결백
淸 맑을 청 | 廉 청렴할 렴 | 潔 깨끗할 결 | 白 흰 백

마음이 맑고 깨끗하며 탐욕이 없음.
예 그 선비는 **청렴결백**하여 벼슬에 관심이 없었다.
어휘쏙 탐욕 지나치게 탐하는 욕심.

1-3 다음 한자 성어와 그 뜻풀이를 바르게 선으로 이으세요.

1 기호지세 •

• ㉠ 마음이 맑고 깨끗하며 탐욕이 없음.

2 청렴결백 •

• ㉡ 하늘과 땅 사이에 가득 찬 넓고 큰 원기.

3 호연지기 •

• ㉢ 이미 시작한 일을 중도에서 그만둘 수 없는 경우를 이르는 말.

4-5 다음 한자 성어의 뜻풀이에 알맞은 말을 골라 ○표를 하세요.

4 공명정대 하는 일이나 태도가 사사로움이나 (그릇됨, 올바름)이 없이 아주 정당하고 떳떳함.

5 파죽지세 대를 쪼개는 기세라는 뜻으로, (병, 적)을 거침없이 물리치고 쳐들어가는 기세를 이르는 말.

6-8 빈칸에 들어갈 알맞은 한자 성어를 **보기** 에서 찾아 쓰세요.

보기	공평무사	기호지세	청렴결백	파죽지세

6 진나라 군대는 (   )(으)로 오나라 군대를 공격했다.

7 (   )한 재판관은 자신과 사이가 나쁜 사람의 편도 들어줄 줄 알아야 한다.

8 뉴스에서 청소하다 주운 돈을 경찰서에 맡긴 (   )한 청소부가 소개되었다.

9 다음 밑줄 친 상황을 표현하기에 알맞은 한자 성어는 무엇인가요?

세은이는 놀이공원에서 친구들과 '귀신의 집'에 들어갔다. 너무 무서워서 나가고 싶었다. 하지만 중간에 나가려면 혼자서 어두컴컴한 길을 되돌아가야 했다. 세은이는 어쩔 수 없이 친구들과 도착 지점까지 걸어갔다.

① 공명정대   ② 공평무사   ③ 기호지세   ④ 청렴결백   ⑤ 호연지기

걸린 시간   분   맞은 개수   개

공부한 날 ◯월 ◯일

교과 어휘 - 한자어

수조
水 물 수 | 槽 구유 조

물을 담아 두는 큰 통.
예 수조에 찬물과 더운물을 반반씩 담았다.

수확
收 거둘 수 | 穫 거둘 확

익은 농작물을 거두어들임. 또는 거두어들인 농작물.
예 가을은 벼를 수확하는 계절이다.

유의어 소출 논밭에서 나는 곡식. 또는 그 곡식의 양.

습지
濕 젖을 습 | 地 땅 지

습기가 많은 축축한 땅.
예 갈대는 습지에서 잘 자란다.

유의어 늪 땅바닥이 우묵하게 뭉떵 빠지고 늘 물이 괴어 있는 곳.

승낙
承 이을 승 | 諾 허락할 낙

부탁하는 일을 들어줌.
예 여행을 가려면 부모님의 승낙을 받아 오세요.

반의어 거절 상대편의 요구, 제안, 선물, 부탁 등을 받아들이지 않고 물리침.

시력
視 볼 시 | 力 힘 력

물체의 생김새나 모양 등을 분간하는 눈의 능력.
예 나는 시력이 나빠서 안경을 쓴다.

어휘 쏙 분간 어떤 대상이나 사물을 다른 것과 구별하여 냄.

시범
示 보일 시 | 範 법 범

모범을 보임.
예 오늘부터 야구 시범 경기가 열린다.

식량
食 밥 식 | 糧 양식 량

생존을 위하여 필요한 사람의 먹을거리.
예 겨울이 되자 흥부네는 식량이 떨어졌다.

어휘 쏙 생존 살아 있음. 또는 살아남음.

1-3 다음 낱말과 그 뜻풀이를 바르게 선으로 이으세요.

1 수조 •   • ㉠ 물을 담아 두는 큰 통.

2 수확 •   • ㉡ 생존을 위하여 필요한 사람의 먹을거리.

3 식량 •   • ㉢ 익은 농작물을 거두어들임. 또는 거두어들인
                                          농작물.

4-6 다음 낱말의 뜻풀이에 알맞은 말을 골라 ○표를 하세요.

4 승낙 부탁하는 일을 (놓아줌, 들어줌).

5 습지 습기가 많은 (메마른, 축축한) 땅.

6 시력 물체의 생김새나 모양 등을 분간하는 (눈, 코)의 능력.

7-8 빈칸에 들어갈 알맞은 낱말을 보기 에서 찾아 쓰세요.

> 보기   수조   승낙   시범

7 우리 집은 (   )에 금붕어를 키운다.

8 친구들 앞에서 태권도 (   )을/를 보였다.

9-10 다음 밑줄 친 낱말과 바꾸어 쓸 수 있는 낱말을 보기 에서 찾아 쓰세요.

> 보기   거절   늪   소출

9 이번 해에는 가뭄이 드는 바람에 콩 <u>수확</u>을 적게 보았다.   (   )

10 경상남도 창녕군의 우포<u>습지</u>에는 겨울에 많은 새들이 찾아온다.   (   )

걸린 시간   분   맞은 개수   개

교과 어휘 - 다의어

마디

① 대, 갈대, 나무 등의 줄기에서 가지나 잎이 나는 부분.

예 이 대나무는 마디 사이가 길다.

② 뼈와 뼈가 맞닿은 부분.

예 아버지는 손가락 마디가 굵으시다.

③ 말, 글, 노래 등의 한 도막.

예 나는 학원에서 처음 만난 친구에게 말을 몇 마디 건넸다.

머리

① 사람이나 동물의 목 위의 부분.

예 나는 선생님께 머리를 숙여 인사를 했다.

② 생각하고 판단하는 능력.

예 나는 머리가 좋아서 무엇이든지 잘 기억한다.

어휘 쏙 판단 어떤 기준에 따라 사물의 값어치, 다른 사물과의 관계를 결정함.

③ 머리에 난 털.

예 머리를 자르러 미용실에 갔다.

교과 어휘 - 동음이의어

발¹

사람이나 동물의 다리 맨 끝부분.

예 오리는 발이 크다.

발²

가늘고 긴 대를 줄로 엮거나, 줄 등을 여러 개 나란히 늘어뜨려 만든 물건.

예 여름에는 창문을 열고 발을 드리운다.

빨다¹

옷 등의 물건을 물에 넣고 주물러서 때를 없애다.

예 운동화를 깨끗하게 빨아서 널어놓았다.

빨다²

입 안에 넣고 녹이거나 혀로 핥다.

예 아기가 손가락을 빤다.

1-2 **밑줄 친 낱말의 뜻으로 알맞은 것의 기호를 쓰세요.**

1 유진이는 화가 났는지 인사 한두 마디도 하지 않았다. ( )

㉠ 말, 글, 노래 등의 한 도막.
㉡ 대, 갈대, 나무 등의 줄기에서 가지나 잎이 나는 부분.

2 양동이에 이불을 넣고 밟아서 빨았다. ( )

㉠ 입 안에 넣고 녹이거나 혀로 핥다.
㉡ 옷 등의 물건을 물에 넣고 주물러서 때를 없애다.

3-5 **다음 밑줄 친 낱말의 뜻풀이를 찾아 바르게 선으로 이으세요.**

3 형이 내 머리를 쥐어박았다. • • ㉠ 머리에 난 털.

4 나는 아침마다 머리를 감는다. • • ㉡ 생각하고 판단하는 능력.

5 이 문제를 풀려면 머리를 많이 써 • • ㉢ 사람이나 동물의 목 위의 부분.
야 할 거야.

6-7 **빈칸에 들어갈 알맞은 낱말을 보기 에서 찾아 쓰세요.**

보기 　　　　　　　마디　　　머리　　　발

6 햇볕이 너무 세서 문에 ( )을/를 늘어뜨렸다.

7 할머니는 비만 오면 손가락 ( )이/가 쑤신다고 하신다.

8-9 **다음 뜻풀이에 알맞은 낱말을 보기 에서 찾아 기호를 쓰세요.**

보기 진우: 엄마, 진서가 아이스크림을 ㉠빨아 먹다가 옷에 다 흘렸어요.
　　 어머니: 저런, 옷을 ㉡빨아야겠구나.

8 입 안에 넣고 녹이거나 혀로 핥다. ( )

9 옷 등의 물건을 물에 넣고 주물러서 때를 없애다. ( )

걸린 시간 　　　분　　　맞은 개수 　　　개

심화 어휘 - 주제별 속담

★ 아주 무식함

낫 놓고 기역자도 모른다

기역자 모양으로 생긴 낫을 놓고도 기역자를 모른다는 뜻으로, 사람이 글자를 모르거나 아주 무식함을 이르는 말.

예 그 사람은 낫 놓고 기역자도 모르는 무식쟁이이다.

빈 수레가 요란하다

실속 없는 사람이 겉으로 더 떠들어 댄다는 말.

예 빈 수레가 요란하다더니 신나게 떠들던 저 사람도 아무것도 모르는구나.

어휘 쏙 실속 군더더기가 없는, 실지의 알맹이가 되는 내용

우물 안 개구리

넓은 세상의 형편을 알지 못하는 사람을 이르는 말.

예 한 번도 실패를 해 보지 않으면 우물 안 개구리가 될지 모른다.

심화 어휘 - 주제별 관용어

★ 낯(얼굴)과 관련된 관용어

낯을 못 들다

창피하여 남을 떳떳이 대하지 못하다.

예 도둑질을 하다 들킨 그 남자는 낯을 못 들었다.

낯이 두껍다

부끄러움을 모르고 염치가 없다.

예 지난번에 빌린 돈을 갚지도 않고 또 돈을 꾸러 오다니, 낯도 두껍다.

낯이 있다

서로 얼굴을 알 만한 친분이 있다.

예 맞은편에 앉은 저 사람은 나와 낯이 있다.

어휘 쏙 친분 아주 가깝고 두터운 정분.

1-3 다음 관용어와 그 뜻풀이를 바르게 선으로 이으세요.

1 낯을 못 들다 • •㉠ 부끄러움을 모르고 염치가 없다.

2 낯이 두껍다 • •㉡ 서로 얼굴을 알 만한 친분이 있다.

3 낯이 있다 • •㉢ 창피하여 남을 떳떳이 대하지 못하다.

4-5 다음 뜻풀이에 알맞은 속담을 보기에서 찾아 기호를 쓰세요.

> 보기 ㉠ 우물 안 개구리 ㉡ 빈 수레가 요란하다 ㉢ 낫 놓고 기역자도 모른다

4 실속 없는 사람이 겉으로 더 떠들어 댄다는 말. (   )

5 넓은 세상의 형편을 알지 못하는 사람을 이르는 말. (   )

6-7 빈칸에 들어갈 알맞은 낱말을 보기에서 찾아 쓰세요.

> 보기 낫 바구니 수레 쟁기

6 이렇게 쉬운 문제도 못 풀다니, (   ) 놓고 기역자도 모르는구나.

7 빈 (   )이/가 요란하다더니, 잘난 체하던 주희는 내가 수학 문제를 물어보니 어디론가 사라졌다.

8 다음 상황에 알맞은 관용어를 골라 ○표를 하세요.

> 똘이는 문구점에 들어갔다가 평소에 가지고 싶어 하던 샤프펜슬을 보았다. 주인이 다른 곳을 보고 있자 똘이는 낯 (두껍게, 얇게) 샤프펜슬을 가방에 넣었다. 그리고 고개를 들어 보니 낯이 (없는, 있는) 친구가 똘이를 쳐다보고 있었다. 똘이는 창피한 마음에 낯을 (돌리지, 들지) 못했다.

걸린 시간 　　분 맞은 개수 　　개

교과 어휘 - 한자어

사회
신청
申 거듭 신 | 請 청할 청

어떤 일이나 물건을 단체나 기관에 신고하여 달라고 요구함.

예 백일장에 참가하고 싶은 사람은 내일까지 **신청**하세요.

유의어 요청 필요한 일이 이루어지도록 요긴하게 부탁함. 또는 그런 부탁.

국어
신하
臣 신하 신 | 下 아래 하

임금을 섬기어 벼슬하는 사람.

예 이 시는 임금을 사랑하는 **신하**의 마음을 나타내고 있다.

어휘 쏙 섬기다 아랫사람이 윗사람을 공경하여 받들어 모시다.

과학
실험
實 열매 실 | 驗 시험 험

① 실제로 해 봄.

예 물속에서도 휴대 전화가 작동하는지 **실험**해 보자.

② 과학에서, 이론이나 현상을 관찰하고 측정함.

예 유리로 된 **실험** 도구를 사용할 때는 조심해야 한다.

어휘 쏙 현상 인간이 알아서 깨달을 수 있는, 사물의 모양과 상태.

국어
안내
案 책상 안 | 內 안 내

어떤 내용을 소개하여 알려 줌. 또는 그런 일.

예 우리 학교를 **안내**하는 책을 만들기로 했다.

사회

안부
安 편안 안 | 否 아닐 부

어떤 사람이 편안하게 잘 지내는지 그렇지 아니한지에 대한 소식.

예 할머니께 **안부** 전화를 드렸다.

사회

약도
略 간략할 약 | 圖 그림 도

간단히 줄여 중요한 부분만 대략적으로 그린 지도.

예 책자에 미술관에 가는 **약도**가 그려져 있다.

어휘 쏙 대략적 대강의 줄거리로 이루어진. 또는 그런 것.

국어

약품
藥 약 약 | 品 물건 품

병이나 상처 등을 고치거나 예방하기 위하여 먹거나 바르거나 주사하는 물질.

예 만일의 상황을 대비해서 여행 가방에 비상 **약품**을 챙겼다.

유의어 약물 약으로 쓰는 물질.

1-3 다음 낱말과 그 뜻풀이를 바르게 선으로 이으세요.

1　신청　•

2　안내　•

3　약도　•

• ㉠ 어떤 내용을 소개하여 알려 줌. 또는 그런 일.

• ㉡ 간단히 줄여 중요한 부분만 대략적으로 그린 지도.

• ㉢ 어떤 일이나 물건을 단체나 기관에 신고하여 달라고 요구함.

4-6 다음 낱말의 뜻풀이에 알맞은 말을 골라 ○표를 하세요.

4　신하　(어버이, 임금)을/를 섬기어 벼슬하는 사람.

5　안부　어떤 사람이 (정직, 편안)하게 잘 지내는지 그렇지 아니한지에 대한 소식.

6　약품　병이나 상처 등을 고치거나 (예고, 예방)하기 위하여 먹거나 바르거나 주사하는 물질.

7-8 빈칸에 들어갈 알맞은 낱말을 보기에서 찾아 쓰세요.

보기	신청　　실험　　약도

7　내가 그려 준 (　　　　)을/를 보고 찾아오면 돼.

8　오늘은 종이컵으로 짝꿍과 전화하는 (　　　　)을/를 해 볼 거예요.

9-10 다음 밑줄 친 낱말과 바꾸어 쓸 수 있는 낱말을 보기에서 찾아 쓰세요.

보기	약물　　요청　　인도

9　도서관에 읽고 싶은 책을 사 달라고 <u>신청했다</u>.　　　　　　　(　　　)

10　이 <u>약품</u>은 어린이 손에 닿지 않는 곳에 보관해야 한다.　　(　　　)

걸린 시간　　　　　분　　　맞은 개수　　　　　개

교과 어휘 - 고유어

삐죽이다

비웃거나 언짢거나 울려고 할 때 소리 없이 입을 내밀고 실룩이다.

예 입을 **삐죽이던** 동생은 이내 울음을 터뜨렸다.

사뿐하다

소리가 나지 아니할 정도로 걸음걸이가 가볍다.

예 고양이가 **사뿐하게** 걸어간다.

사투리

어느 한 지방에서만 쓰는, 표준어가 아닌 말.

예 나는 서울로 온 지 2년이 넘었지만 아직도 부산 **사투리**를 쓴다.

유의어 방언 어느 한 지방에서만 쓰는, 표준어가 아닌 말.

설빔

설을 맞이하여 새로 장만하여 입거나 신는 옷, 신발 등을 이르는 말.

예 이 옷은 어머니가 **설빔**으로 사 주신 것이다.

어휘 쏙 장만 필요한 것을 사거나 만들거나 하여 갖춤.

성나다

몹시 노엽거나 언짢은 기분이 일다.

예 그가 나를 **성난** 얼굴로 노려보았다.

유의어 골나다 비위에 거슬리거나 마음이 언짢아서 성이 나다.

소곤거리다

남이 알아듣지 못하도록 작은 목소리로 자꾸 가만가만 이야기하다.

예 친구들이 내 귀에 자꾸만 뭐라고 **소곤거렸다**.

유의어 속살거리다 남이 알아듣지 못하도록 작은 목소리로 자질구레하게 자꾸 이야기하다.

손질

손을 대어 잘 매만지는 일.

예 어머니를 도와 콩나물을 **손질했다**.

유의어 윤색 윤이 나도록 매만져 곱게 함.

1-3 다음 뜻풀이에 알맞은 낱말을 **보기** 에서 찾아 쓰세요.

> **보기**　　삐죽이다　　사뿐하다　　성나다　　소곤거리다

1 몹시 노엽거나 언짢은 기분이 일다.　　　　　　　　　(　　　)

2 소리가 나지 아니할 정도로 걸음걸이가 가볍다.　　　　(　　　)

3 남이 알아듣지 못하도록 작은 목소리로 자꾸 가만가만 이야기하다.　(　　　)

4-6 다음 낱말의 뜻풀이에 알맞은 말을 골라 ○표를 하세요.

4 　손질　　손을 대어 잘 (매만지는, 어지르는) 일.

5 　사투리　　어느 한 지방에서만 쓰는, (표준어, 현대어)가 아닌 말.

6 　설빔　　(설, 추석)을 맞이하여 새로 장만하여 입거나 신는 옷, 신발 등을 이르는 말.

7-8 다음 낱말이 들어갈 문장을 찾아 바르게 선으로 이으세요.

7 　삐죽여서　・　　　　・ ㉠ 도서관에서 누가 자꾸 (　　　) 책을 읽는
　　　　　　　　　　　　　　　데 방해되었다.

8 　소곤거려서　・　　　　・ ㉡ 유빈이가 놀이공원에 자기를 데려가지 않았다
　　　　　　　　　　　　　　　고 (　　　) 달래 주었다.

9 **보기** 의 밑줄 친 낱말과 바꾸어 쓸 수 있는 낱말은 무엇인가요?

> **보기**　　해수욕장에서 주운 조개껍데기를 <u>손질</u>해서 목걸이를 만들었다.

① 방언　　　　② 손상　　　　③ 윤색　　　　④ 장만

걸린 시간 　　　 분　　　 맞은 개수 　　　 개

심화 어휘 – 헷갈리기 쉬운 낱말

묵다
일정한 때를 지나서 오래된 상태가 되다.
예 이 나무는 오백 년은 묵었을 것이다.

묶다
따로 떨어지거나 흐트러지지 않도록 감아 매다.
예 뛰기 전에 신발 끈을 다시 묶었다.

반드시
틀림없이 꼭.
예 범인은 여기에 반드시 다시 나타날 것입니다.

반듯이
작은 물체, 또는 생각이나 행동 등이 비뚤어지거나 기울거나 굽지 아니하고 바르게.
예 나는 바닥에 반듯이 누웠다.

배다
① 스며들거나 스며 나오다.
예 희영이의 얼굴에는 장난기가 배어 있었다.
② 버릇이 되어 익숙해지다.
예 절약이 몸에 배어 필요 없는 것은 사지 않는다.

베다
날이 있는 연장 등으로 무엇을 끊거나 자르거나 가르다.
예 허리까지 자란 풀을 벴다.

확인학습

[1-2] 다음 낱말과 그 뜻풀이를 바르게 선으로 이으세요.

1 묶다 •
           • ㉠ 따로 떨어지거나 흐트러지지 않도록 감아 매다.

2 베다 •
           • ㉡ 날이 있는 연장 등으로 무엇을 끊거나 자르거나 가르다.

[3-5] 빈칸에 들어갈 알맞은 낱말을 보기에서 찾아 쓰세요.

> **보기**   묵어   묶어   반드시   반듯이   베어

3 자전거가 (   ) 나 있는 길을 달려 나갔다.

4 창고에서 오래 (   ) 겉장이 다 떨어진 책이 나왔다.

5 연필을 다섯 자루씩 고무줄로 (   ) 서랍 안에 넣었다.

[6-7] 다음 문장에 알맞은 낱말을 골라 ○표를 하세요.

6 이번 시합에서 (반드시, 반듯이) 이길 것이다.

7 일찍 자고 일찍 일어나는 습관이 몸에 (뱄다, 벴다).

[8-9] 다음 글에서 잘못된 부분을 찾아 바르게 고쳐 쓰세요.

> 학교에 가려고 집을 나섰는데 버스 정류장에 내가 탈 버스가 서 있었다. 늦지 않고 가려면 반듯이 저 버스를 타야 하는데……. 나는 버스 정류장까지 있는 힘껏 뛰었다. 다행히 버스를 탈 수 있었다. 버스에 오르니 온몸에 땀이 베어 나왔다.

8 (   ) ➜ (   )

9 (   ) ➜ (   )

걸린 시간   분   맞은 개수   개

🐛 **교과 어휘** - 한자어

^{사회}

억울
抑 누를 억 | 鬱 답답할 울

아무 잘못 없이 꾸중을 듣거나 벌을 받거나 하여 분하고 답답함.

예 너무 **억울**해서 잠이 오지 않았다.

---

^{국어}

업적
業 업 업 | 績 길쌈할 적

어떤 사업이나 연구 등에서 세운 공적.

예 세종 대왕은 한글 창제라는 **업적**을 세웠다.

어휘쏙 공적 노력과 수고를 들여 이루어 낸 일의 결과.

---

^{국어}

연일
連 잇닿을 연 | 日 날 일

여러 날을 계속함.

예 **연일** 비가 내린다.

유의어 누일 여러 날을 계속함.

---

^{국어}

열기
熱 더울 열 | 氣 기운 기

뜨거운 기운.

예 감기에 들었는지 몸에 **열기**가 있다.

---

^{사회}

예방
豫 미리 예 | 防 막을 방

질병이나 재해 등이 일어나지 않도록 미리 대비하여 막음.

예 손을 자주 씻어 독감을 **예방**합시다.

유의어 방비 적의 침입이나 피해를 막기 위하여 미리 지키고 대비함.

---

^{과학}

온도
溫 따뜻할 온 | 度 법도 도

차가움과 뜨거움의 정도. 또는 그것을 나타내는 수치.

예 겨울철 집안의 **온도**는 18~22도가 적당하다.

어휘쏙 수치 계산하여 얻은 값.

---

^{국어}

완성
完 완전할 완 | 成 이룰 성

완전히 다 이룸.

예 새 체육관은 9월에 **완성**된다.

반의어 미완성 아직 덜 됨.

1-3 다음 낱말과 그 뜻풀이를 바르게 선으로 이으세요.

1 업적 •　　　　　　　　• ㉠ 뜨거운 기운.

2 열기 •　　　　　　　　• ㉡ 어떤 사업이나 연구 등에서 세운 공적.

3 예방 •　　　　　　　　• ㉢ 질병이나 재해 등이 일어나지 않도록 미리 대비하여 막음.

4-5 다음 낱말의 뜻풀이에 알맞은 말을 골라 ○표를 하세요.

4 온도 차가움과 뜨거움의 (감정, 정도). 또는 그것을 나타내는 수치.

5 억울 아무 잘못 없이 꾸중을 듣거나 (벌, 힘)을 받거나 하여 분하고 답답함.

6-8 빈칸에 들어갈 알맞은 낱말을 **보기**에서 찾아 쓰세요.

> **보기**　　억울　　연일　　예방　　완성

6 300조각짜리 퍼즐을 드디어 (　　　　)했다.

7 (　　　　) 밤을 새웠더니 저절로 눈이 감긴다.

8 산불 (　　　　)을/를 위해 산에서 담배를 피우지 맙시다.

9 **보기**의 밑줄 친 낱말과 바꾸어 쓸 수 있는 낱말은 무엇인가요?

> **보기**　　그들은 <u>연일</u>을 싸우더니 간신히 화해했다.

① 누락　　　　② 누일　　　　③ 방문　　　　④ 방비

걸린 시간　　　　　분　　맞은 개수　　　　　개

교과 어휘 - 고유어

손짓

손을 놀려 어떤 사물을 가리키거나 자기의 생각을 남에게 전달하는 일.

예 기영이가 맞은편에서 나에게 오라고 **손짓**했다.

어휘쏙 놀리다 이리저리 움직이다.

솜씨

손을 놀려 무엇을 만들거나 어떤 일을 하는 재주.

예 우리 형은 음식 **솜씨**가 좋다.

유의어 손재주 손으로 무엇을 잘 만들어 내거나 다루는 재주.

솥

밥을 짓거나 음식을 끓이는 데 쓰는 그릇.

예 할머니가 솥에 밥을 안치셨다.

시루

떡이나 쌀 등을 찌는 데 쓰는 둥근 질그릇.

예 **시루**에 떡을 쪄서 먹었다.

시름시름

병세가 더 심해지지도 않고 나아지지도 않으면서 오래 끄는 모양.

예 시골집에서 데려온 강아지가 며칠 **시름시름** 앓다가 죽고 말았다.

어휘쏙 병세 병의 상태나 형세.

신바람

신이 나서 우쭐우쭐하여지는 기운.

예 시원한 날씨에 **신바람**이 저절로 난다.

유의어 어깻바람 신이 나서 어깨를 으쓱거리며 활발히 움직이는 기운.

쌀겨

쌀을 찧을 때 나오는 가장 고운 속겨.

예 현미는 흰쌀보다 **쌀겨**를 덜 깎아 낸 쌀이다.

어휘쏙 속겨 벼, 보리, 조 등의 곡식을 찧어 벗겨 낸 겉껍질 다음에 나온 고운 껍질.

1-3 다음 뜻풀이에 알맞은 낱말을 보기에서 찾아 쓰세요.

보기   솥   시루   시름시름   쌀겨

1 쌀을 찧을 때 나오는 가장 고운 속겨.   (   )

2 밥을 짓거나 음식을 끓이는 데 쓰는 그릇.   (   )

3 병세가 더 심해지지도 않고 나아지지도 않으면서 오래 끄는 모양. (   )

4-5 다음 밑줄 친 낱말과 바꾸어 쓸 수 있는 낱말을 찾아 바르게 선으로 이으세요.

4 방학식을 마친 우리는 <u>신바람</u>이 나서 덩 •
실덩실 춤을 추었다.   • ㉠ 손재주

5 주말에 어머니는 모처럼 <u>솜씨</u>를 발휘해서 •
맛있는 빵을 구워 주셨다.   • ㉡ 어깻바람

6-8 다음 낱말이 들어갈 문장을 찾아 바르게 선으로 이으세요.

6 손짓 •   • ㉠ (   )에는 영양분이 풍부하게 들어 있다.

7 시루 •   • ㉡ 백설기를 찌는 (   )에서 김이 모락모락 났다.

8 쌀겨 •   • ㉢ 내가 과자를 내밀었지만 동준이는 먹지 않겠다는
                                    (   )을/를 했다.

9 다음 빈칸에 들어갈 낱말이 순서대로 짝 지어진 것은 무엇인가요?

나는 감기에 걸려서 지난주부터 (   ) 아팠다. 어머니는 밥을 잘 먹지 못하
는 나를 위해 죽을 끓여 주셨다. 나는 목이 쉬어 말은 하지 못했지만 (   )(으)로
어머니께 고마움을 전했다.

① 시름시름 – 손짓   ② 시름시름 – 솜씨   ③ 우쭐우쭐 – 솜씨   ④ 우쭐우쭐 – 손짓

걸린 시간   분   맞은 개수   개

🐙 심화 어휘 – 주제별 한자 성어

★ 진정한 우정

☐

관포지교

管 대롱 관｜鮑 절인 물고기 포｜之 어조사 지｜交 사귈 교

관중과 포숙의 사귐이란 뜻으로, 우정이 아주 돈독한 친구 관계를 이르는 말.

예 두 사람은 오래 전부터 **관포지교**의 우정을 이어 가고 있다.

어휘쏙 **관중과 포숙** 우정이 깊어서 중국의 옛 이야기에 소개된 두 사람의 이름.

☐

막역지우

莫 없을 막｜逆 거스를 역｜之 어조사 지｜友 벗 우

서로 거스름이 없는 친구라는 뜻으로, 허물이 없이 아주 친한 친구를 이르는 말.

예 지훈이는 나에게 비밀이 없는 **막역지우**이다.

☐

수어지교

水 물 수｜魚 물고기 어｜之 어조사 지｜交 사귈 교

물과 물고기의 관계라는 뜻으로, 서로 떨어질 수 없는 매우 친한 사이를 이르는 말.

예 매일 함께 다니는 것을 보니 너희는 **수어지교**구나.

☐

죽마고우

竹 대나무 죽｜馬 말 마｜故 연고 고｜友 벗 우

대나무 말을 타고 놀던 벗이라는 뜻으로, 어릴 때부터 같이 놀며 자란 친한 벗을 이르는 말.

예 예은이는 나와 다섯 살 때부터 친하게 지낸 **죽마고우**이다.

★ 말이 통하지 않음

☐

마이동풍

馬 말 마｜耳 귀 이｜東 동녘 동｜風 바람 풍

남의 말을 귀담아듣지 아니하고 지나쳐 흘려버림을 이르는 말.

예 내가 열심히 설명했지만 영수는 내 말을 **마이동풍**으로 흘려들었다.

☐

우이독경

牛 소 우｜耳 귀 이｜讀 읽을 독｜經 글 경

아무리 가르치고 일러 주어도 알아듣지 못함을 이르는 말.

예 신하들이 아무리 말을 해도 임금에게는 **우이독경**이었다.

1-3 다음 한자 성어와 그 뜻풀이를 바르게 선으로 이으세요.

1 관포지교 •

• ㉠ 아무리 가르치고 일러 주어도 알아듣지 못함을 이르는 말.

2 막역지우 •

• ㉡ 관중과 포숙의 사귐이란 뜻으로, 우정이 아주 돈독한 친구 관계를 이르는 말.

3 우이독경 •

• ㉢ 서로 거스름이 없는 친구라는 뜻으로, 허물이 없이 아주 친한 친구를 이르는 말.

4-5 다음 한자 성어의 뜻풀이에 알맞은 말을 골라 ○표를 하세요.

4 마이동풍 남의 말을 귀담아듣지 아니하고 지나쳐 (흘려버림, 흩어버림)을 이르는 말.

5 수어지교 물과 (물고기, 물오리)의 관계라는 뜻으로, 서로 떨어질 수 없는 매우 친한 사이를 이르는 말.

6-8 빈칸에 들어갈 알맞은 한자 성어를 [보기]에서 찾아 쓰세요.

> 보기   마이동풍   막역지우   우이독경   죽마고우

6 숫자도 모르는데 덧셈 뺄셈을 가르쳐 봤자 (   )이다.

7 또 지각을 하다니, 일찍 일어나라는 내 말은 (   )이었구나.

8 어릴 적부터 친하게 지냈던 두 (   )은/는 지금까지도 우정을 지켜 나가고 있다.

9 다음 밑줄 친 상황을 표현하기에 알맞은 한자 성어는 무엇인가요?

> 내 친구 재희가 영어를 배우기 위해 미국으로 유학을 떠났다. 나와 재희는 서로 떨어질 수 없는 친구 사이였는데, 한동안 만날 수 없다고 생각하니 너무 슬프다.

① 관포지교   ② 마이동풍   ③ 수어지교   ④ 우이독경   ⑤ 죽마고우

걸린 시간   분   맞은 개수   개

교과 어휘 – 한자어

국어

외부
外 바깥 외 | 部 떼 부

물체나 일정한 범위의 바깥쪽.
예 화장실은 **외부**에 있습니다.

어휘쏙 범위 어떤 것이 미치는 한계.

사회

요구
要 요긴할 요 | 求 구할 구

어떠한 것을 필요하다고 바라거나 요청함.
예 도서관에서 떠드는 사람들에게 조용히 해 달라고 요구했다.

유의어 주문 어떤 일에 대해 일정한 방식으로 해 줄 것을 요구함.

과학

용액
溶 녹을 용 | 液 진 액

두 가지 이상의 물질이 균일하게 혼합된 액체.
예 이 **용액**은 창문에 김이 서리는 것을 막아 준다.

어휘쏙 균일 한결같이 고름.

국어

원시인
原 근원 원 | 始 비로소 시 | 人 사람 인

지금 살고 있는 인류 이전의 고대 인류.
예 이 동굴의 그림은 **원시인**들이 남긴 것이다.

국어

위기
危 위태할 위 | 機 틀 기

위험한 고비나 시기.
예 갑자기 많은 비가 내려 많은 사람들이 **위기**에 빠졌다.

어휘쏙 고비 일이 되어 가는 과정에서 가장 중요한 단계나 대목.

국어

위로
慰 위로할 위 | 勞 일할 로

따뜻한 말이나 행동으로 괴로움을 덜어 주거나 슬픔을 달래 줌.
예 달리기 시합에서 진 친구를 **위로**해 주었다.

유의어 위안 위로하여 마음을 편하게 함. 또는 그렇게 하여 주는 대상.

사회

위인전
偉 클 위 | 人 사람 인 | 傳 전할 전

뛰어나고 훌륭한 사람의 업적과 삶을 적은 글이나 책.
예 **위인전**을 읽고 장영실이 어떤 발명품을 만들었는지 알 수 있었다.

1-3 다음 낱말과 그 뜻풀이를 바르게 선으로 이으세요.

1 용액 •   • ㉠ 지금 살고 있는 인류 이전의 고대 인류.

2 원시인 •   • ㉡ 두 가지 이상의 물질이 균일하게 혼합된 액체.

3 위인전 •   • ㉢ 뛰어나고 훌륭한 사람의 업적과 삶을 적은 글이나 책.

4-6 다음 낱말의 뜻풀이에 알맞은 말을 골라 ○표를 하세요.

4 외부   물체나 일정한 범위의 (바깥, 안)쪽.

5 요구   어떠한 것을 필요하다고 (바라거나, 바래거나) 요청함.

6 위로   따뜻한 말이나 행동으로 (괴로움, 무서움)을 덜어 주거나 슬픔을 달래 줌.

7-8 빈칸에 들어갈 알맞은 낱말을 보기 에서 찾아 쓰세요.

> 보기   외부   위기   위인전

7 서로가 힘을 합해 (   )을/를 잘 넘겼다.

8 이번 수학 경시대회는 학교 (   )에서 열린다.

9-10 다음 밑줄 친 낱말과 바꾸어 쓸 수 있는 낱말을 보기 에서 찾아 쓰세요.

> 보기   범위   위안   주문

9 친구가 준 편지는 힘들 때마다 나에게 <u>위로</u>가 된다.   (   )

10 잘못된 물건은 새 것으로 바꾸어 달라고 <u>요구</u>할 수 있습니다.   (   )

걸린 시간   분   맞은 개수   개

교과 어휘 - 다의어

먹다

① 음식 등을 입을 통하여 배 속에 들여보내다.
예 우리 학교는 열두시 반에 점심을 먹는다.

② 어떤 마음이나 감정을 품다.
예 나는 매일 줄넘기를 연습하기로 마음을 먹었다.

③ 어떤 나이에 이르거나 나이를 더하다.
예 며칠만 있으면 한 살을 더 먹는다.

벽
壁 벽 벽

① 집이나 방 등의 둘레를 막은 세로로 된 건조물.
예 벽에 못을 박고 액자를 걸었다.

② 극복하기 어려운 한계나 장애를 이르는 말.
예 이번 100미터 달리기에서 9초라는 벽이 깨졌다.
어휘 쏙 장애 어떤 일이 이루어지거나 진행되는 데 거치적거려 방해가 되게 함.

③ 관계나 교류를 가로막는 것을 이르는 말.
예 두 사람은 오해로 만들어진 벽을 점점 허물기 시작했다.
어휘 쏙 교류 문화나 생각 등이 서로 통함.

교과 어휘 - 동음이의어

세다¹

힘이나 기운이 많다.
예 힘만 세다고 싸움에서 이기는 것은 아니다.

세다²

사물의 낱낱의 수를 헤아리거나 꼽다.
예 몇 명이나 모였는지 세어 보아라.

쉬다¹

피로를 풀려고 몸을 편안히 두다.
예 숙제를 마치고 소파에 누워 쉬었다.

쉬다²

음식 등이 상하여 맛이 시큼하게 변하다.
예 여름에는 음식이 빨리 쉰다.

1-2 밑줄 친 낱말의 뜻으로 알맞은 것의 기호를 쓰세요.

1 우리 집에 있는 신발의 개수를 세어 보니 열 켤레였다. ( )

㉠ 힘이나 기운이 많다.
㉡ 사물의 낱낱의 수를 헤아리거나 꼽다.

2 나에게는 다섯 살 먹은 동생이 있다. ( )

㉠ 어떤 나이에 이르거나 나이를 더하다.
㉡ 음식 등을 입을 통하여 배 속에 들여보내다.

3-5 다음 밑줄 친 낱말의 뜻풀이를 찾아 바르게 선으로 이으세요.

3 벽에 귀를 대고 소리를 들었다. •

• ㉠ 관계나 교류를 가로막는 것을 이르는 말.

4 어렸을 적 놀림을 당하고 나서 •
마음의 벽을 쌓고 지냈다.

• ㉡ 극복하기 어려운 한계나 장애를 이르는 말.

5 한국 축구팀은 프랑스라는 벽에 •
막혀 4강에 가지 못했다.

• ㉢ 집이나 방 등의 둘레를 막은 세로로 된 건조물.

6-7 빈칸에 들어갈 알맞은 낱말을 보기 에서 찾아 쓰세요.

보기   먹기   벽   세기

6 모든 일은 마음 ( )에 따라 달라진다.

7 준우는 어리지만 힘이 ( )이/가 보통이 아니다.

8-9 다음 뜻풀이에 알맞은 낱말을 보기 에서 찾아 기호를 쓰세요.

보기 꿈이: 어디 아픈 곳 있어? 표정이 안 좋아 보여.
별이: 아침에 ㉠쉰 음식을 먹었나 봐. 배가 아프네.
꿈이: 오늘은 빨리 집에 가서 ㉡쉬는 게 좋겠다.

8 피로를 풀려고 몸을 편안히 두다. ( )

9 음식 등이 상하여 맛이 시큼하게 변하다. ( )

걸린 시간   분   맞은 개수   개

심화 어휘 - 주제별 속담

★ 운수가 나쁨

마른하늘에 날벼락

뜻하지 아니한 상황에서 뜻밖에 입는 재난을 이르는 말.

예 갑자기 시험을 본다니 마른하늘에 날벼락이다.

안되는 사람은 뒤로 넘어져도 코가 깨진다

운수가 나쁜 사람은 보통 사람에게는 생기지도 않는 나쁜 일까지 생김을 이르는 말.

예 안되는 사람은 뒤로 넘어져도 코가 깨진다더니 내가 밖에 나가려고 마음먹자 갑자기 비가 내렸다.

흉년에 윤달

불행한 일을 당하고 있는 중에 또 좋지 못한 일이 겹쳐 일어난 경우를 이르는 말.

예 낯선 곳에서 길을 잃었는데 지갑까지 잃어버렸으니 흉년에 윤달이다.

심화 어휘 - 주제별 관용어

★ 마음과 관련된 관용어

마음에 없다

무엇을 하거나 가지고 싶은 생각이 없다.

예 나는 마음에 없는 말은 잘 하지 못한다.

마음을 주다

마음을 숨기지 아니하고 기꺼이 내보이다.

예 나는 전학을 온 지 며칠 만에 반 친구들에게 마음을 주었다.

마음이 통하다

서로 생각이 같아 이해가 잘되다.

예 우리 둘은 마음이 통하는 사이이다.

1-3 다음 관용어와 그 뜻풀이를 바르게 선으로 이으세요.

1 마음에 없다 •   • ㉠ 서로 생각이 같아 이해가 잘되다.

2 마음을 주다 •   • ㉡ 무엇을 하거나 가지고 싶은 생각이 없다.

3 마음이 통하다 •   • ㉢ 마음을 숨기지 아니하고 기꺼이 내보이다.

4-5 다음 뜻풀이에 알맞은 속담을 보기 에서 찾아 기호를 쓰세요.

> 보기 ㉠ 흉년에 윤달
> ㉡ 마른하늘에 날벼락
> ㉢ 안되는 사람은 뒤로 넘어져도 코가 깨진다

4 뜻하지 아니한 상황에서 뜻밖에 입는 재난을 이르는 말.   (   )

5 불행한 일을 당하고 있는 중에 또 좋지 못한 일이 겹쳐 일어난 경우를 이   (   )
르는 말.

6-7 빈칸에 들어갈 알맞은 낱말을 보기 에서 찾아 쓰세요.

> 보기   눈   땅   코   하늘

6 갑자기 날아온 유리창에 창문이 깨졌으니 그야말로 마른(   )에 날벼락이었다.

7 안 되는 사람은 뒤로 넘어져도 (   )이/가 깨진다고 그 가게는 내가 갈 때마다 문
이 닫혀 있었다.

8 다음 상황에 알맞은 관용어를 골라 ○표를 하세요.

> 　동생과 집에 가다가 길에 버려진 강아지를 보았다. 나는 강아지를 집에 데려가고 싶었
> 는데 동생도 마음이 (통했는지, 풀렸는지) 강아지를 안아 올렸다. 강아지를 집에 데리고
> 가자 어머니는 동물을 키울 생각이 마음에 (없다, 차다)고 하셨다. 하지만 우리가 조르
> 자 키우게 해 주셨다. 강아지는 우리를 무서워하다가 점점 마음을 (삭이고, 주고) 우리
> 와 친해졌다.

걸린 시간   분   맞은 개수   개

 16회

 교과 어휘 - 한자어

 사회

유명
有 있을 유 | 名 이름 명

이름이 널리 알려져 있음.

예) 이 빵집은 단팥빵이 맛있기로 유명하다.

반의어 무명 ① 이름이 없거나 이름을 알 수 없음. ② 이름이 널리 알려져 있지 않음.

 국어

유물
遺 남길 유 | 物 물건 물

앞선 세대의 인류가 다음 세대의 사람들에게 남긴 물건.

예) 박물관에 신라 시대의 유물이 전시되어 있다.

유의어 고적 옛 문화를 보여 주는 건물이나 터.

 과학

유용
有 있을 유 | 用 쓸 용

쓸모가 있음.

예) 이 책은 어린이들에게 유용하다.

 국어

은인
恩 은혜 은 | 人 사람 인

자신에게 은혜를 베푼 사람.

예) 이분은 내가 힘들 때 도와주신 은인이셔.

어휘 쏙 은혜 고맙게 베풀어 주는 신세나 혜택.

 사회

의논
議 의논할 의 | 論 논할 논

어떤 일에 대하여 서로 의견을 주고받음.

예) 발표를 어떻게 할지 친구들과 의논했다.

유의어 상의 어떤 일을 서로 의논함.

 국어

의상
衣 옷 의 | 裳 치마 상

① 겉에 입는 옷.

예) 한복은 우리 민족의 고유한 의상이다.

② 배우나 무용하는 사람들이 연기할 때 입는 옷.

예) 무대 의상으로 갈아입었다.

 국어

이동
移 옮길 이 | 動 움직일 동

움직여 옮김. 또는 움직여 자리를 바꿈.

예) 점심을 먹고 한 시에 다음 장소로 이동하겠습니다.

유의어 이전 장소나 주소 등을 다른 데로 옮김.

확인 학습

1-3 **다음 낱말과 그 뜻풀이를 바르게 선으로 이으세요.**

1 유명 •   • ㉠ 겉에 입는 옷.

2 의상 •   • ㉡ 이름이 널리 알려져 있음.

3 이동 •   • ㉢ 움직여 옮김. 또는 움직여 자리를 바꿈.

4-6 **다음 낱말의 뜻풀이에 알맞은 말을 골라 ○표를 하세요.**

4 은인   자신에게 (은혜, 지혜)를 베푼 사람.

5 의논   어떤 일에 대하여 서로 (감상, 의견)을 주고받음.

6 유물   앞선 세대의 인류가 다음 세대의 사람들에게 (남긴, 들인) 물건.

7-8 **빈칸에 들어갈 알맞은 낱말을 보기 에서 찾아 쓰세요.**

보기   유용   의상   이동

7 혹시 몰라서 챙겨 간 외투가 (   )하게 쓰였다.

8 잠시 후 수염과 꼬리가 달린 (   )을 입은 배우들이 등장했다.

9-10 **다음 밑줄 친 낱말과 바꾸어 쓸 수 있는 낱말을 보기 에서 찾아 쓰세요.**

보기   고적   상의   이전

9 건물을 짓기 위해 땅을 파던 중 귀중한 유물이 발견되었다.   (   )

10 이 일은 혼자 결정할 일이 아니라 부모님과 의논할 문제이다.   (   )

걸린 시간   분   맞은 개수   개

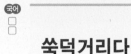 교과 어휘 - 고유어

쑥덕거리다

남이 알아듣지 못하도록 낮은 목소리로 은밀하게 자꾸 이야기하다.

예 수업 시간에 다른 사람과 쑥덕거리지 마세요.

유의어 ▶ 쑤군거리다 남이 알아듣지 못하도록 낮은 목소리로 자꾸 가만가만 이야기하다.

쓰다듬다

손으로 살살 쓸어 어루만지다.

예 내 옆에 앉은 강아지의 등을 쓰다듬었다.

쓰임새

쓰이는 용도나 정도.

예 나무는 종류에 따라 그 쓰임새가 다르다.

어휘 쏙 용도 물건이나 돈 등이 쓰이는 방식. 또는 쓰이는 곳.

안쓰럽다

마음이 아프고 가엾다.

예 배고파하는 어린아이가 안쓰러웠다.

유의어 ▶ 가련하다 가엾고 불쌍하다.

알갱이

① 열매나 곡식 등의 낱알.

예 작은 통에 보리 알갱이를 담았다.

② 작고 동그랗고 단단한 물질.

예 신발을 거꾸로 뒤집어서 모래 알갱이를 빼냈다.

알아보다

눈으로 보고 분간하다.

예 불을 켜고 나서야 누구인지 알아보았다.

어휘 쏙 분간 어떤 대상이나 사물을 다른 것과 구별하여 냄.

앓아눕다

앓아서 자리에 눕다.

예 열이 너무 높아서 앓아누웠다.

유의어 ▶ 몸져눕다 병이나 고통이 심하여 몸을 가누지 못하고 누워 있다.

확인 학습

1-3 다음 뜻풀이에 알맞은 낱말을 보기 에서 찾아 쓰세요.

> 보기   쑥덕거리다   쓰다듬다   알아보다   앓아눕다

1 눈으로 보고 분간하다.   (   )

2 손으로 살살 쓸어 어루만지다.   (   )

3 남이 알아듣지 못하도록 낮은 목소리로 은밀하게 자꾸 이야기하다.   (   )

4-6 다음 밑줄 친 낱말과 바꾸어 쓸 수 있는 낱말을 찾아 바르게 선으로 이으세요.

4 찬바람을 맞으며 돌아다니다 결국 <u>앓아 누워</u> 버렸다.   • ㉠ 가련해

5 추운 겨울에 얇은 옷을 입고 떠는 그 소녀가 <u>안쓰러워</u> 보였다.   • ㉡ 몸져누워

6 엎드려서 잠을 자려는데 누군가 자꾸 <u>쑥덕거려</u> 잠을 잘 수 없었다.   • ㉢ 쑤군거려

7-9 다음 낱말이 들어갈 문장을 찾아 바르게 선으로 이으세요.

7 쓰임새   • • ㉠ 입안에서 옥수수 (   )가 톡톡 씹혔다.

8 알갱이   • • ㉡ 모든 물건은 다 저마다의 (   )가 있다.

9 알아보기   • • ㉢ 내 동생은 빨간색 옷을 입고 있어서 멀리서도 (   ) 쉬웠다.

걸린 시간   분   맞은 개수   개

심화 어휘 – 헷갈리기 쉬운 낱말

빌다

① 바라는 바를 이루게 하여 달라고 신이나 사람, 사물 등에 간청하다.

예 하늘에 떠 있는 달님에게 소원을 **빌었다**.

② 잘못을 용서하여 달라고 호소하다.

예 학생은 선생님께 잘못을 **빌었다**.

빌리다

① 나중에 갚거나 돌려주기로 하고 얼마 동안 가져다 쓰다.

예 친구에게 체육복을 **빌렸다**.

② 다른 사람의 말이나 글, 형식 등을 취하여 쓰다.

예 이 자리를 **빌려** 감사의 말씀을 전합니다.

숯

나무를 불에 구워 낸 검은 덩어리.

예 화로에 **숯**을 피웠다.

숱

머리털 등의 부피나 분량.

예 나는 눈썹 **숱**이 아주 많다.

아름

두 팔을 둥글게 모아서 만든 둘레.

예 시장에서 꽃을 한 **아름** 사 왔다.

알음

사람끼리 서로 아는 일.

예 여기저기 **알음**을 통해 내가 원하는 물건을 구했다.

확인 학습

1-2 다음 낱말과 그 뜻풀이를 바르게 선으로 이으세요.

1 | 빌다 | •
2 | 빌리다 | •

• ㉠ 나중에 갚거나 돌려주기로 하고 얼마 동안 가져다 쓰다.

• ㉡ 바라는 바를 이루게 하여 달라고 신이나 사람, 사물 등에 간청하다.

3-5 빈칸에 들어갈 알맞은 낱말을 **보기** 에서 찾아 쓰세요.

> **보기**   빌리면   빌면   숯   아름   알음

3 도서관에서 책을 한 번 (   ) 일주일 동안 볼 수 있다.

4 지금 나에게 찾아와 용서를 (   ) 없던 일로 해 주겠다.

5 학교 정원에는 내 (   )보다 훨씬 굵은 나무들이 서 있다.

6-7 다음 문장에 알맞은 낱말을 골라 ○표를 하세요.

6 그 사람과 나는 (아름, 알음)이 있다.

7 옛사람들은 창포물에 머리를 감으면 (숯, 숱)이 많아진다고 믿었다.

8-9 다음 글에서 잘못된 부분을 찾아 바르게 고쳐 쓰세요.

> 방학 동안 할머니, 할아버지 댁에 놀러 갔다. 우리 가족은 마당에 둘러앉아 밥을 먹었다. 할아버지께서 숫을 피워서 고구마를 구워 주셨다. 그리고 좋은 말씀도 많이 해 주셨다. 할아버지께서는 옛사람들의 말을 빌어 노력하는 사람은 반드시 성공한다고 말씀하셨다.

8 (   ) ➜ (   )

9 (   ) ➜ (   )

걸린 시간   분   맞은 개수   개

🐙 교과 어휘 – 한자어

인심
人 사람 인 | 心 마음 심

① 사람의 마음.
예 그의 잘못된 행동을 보고 동네 사람들의 **인심**이 떠났다.
② 남의 처지를 헤아려 주고 도와주는 마음.
예 그 사람은 **인심**이 좋기로 이름났다.

유의어 ▶ 인정 ① 남을 동정하고 이해하는 따뜻한 마음. ② 사람이 본디 가지고 있는 감정이나 심정.

일생
— 한 일 | 生 날 생

세상에 태어나서 죽을 때까지의 동안.
예 김 선생은 아픈 사람들을 치료하는 데 **일생**을 바쳤다.

유의어 ▶ 평생 세상에 태어나서 죽을 때까지의 동안.

일정
— 한 일 | 定 정할 정

어떤 것의 크기, 모양, 범위, 시간 등이 하나로 정하여져 있음.
예 사과가 **일정**한 크기까지 자라면 수확한다.

자부심
自 스스로 자 | 負 질 부 | 心 마음 심

자신의 가치나 능력을 믿고 당당히 여기는 마음.
예 **자부심**을 가지고 일하는 것이 중요하다.

어휘 쏙 가치 사물이 지니고 있는 쓸모

자손
子 아들 자 | 孫 손자 손

자신의 세대에서 여러 세대가 지난 뒤의 자녀를 통틀어 이르는 말.
예 이 보물을 **자손** 대대로 물려주어라.

작전
作 지을 작 | 戰 싸움 전

어떤 일을 이루기 위하여 필요한 조치나 방법을 강구함.
예 전반전이 끝나고 감독님이 **작전**을 바꾸었다.

어휘 쏙 강구 구하기 힘든 것을 억지로 구함.

장식
裝 꾸밀 장 | 飾 꾸밀 식

옷이나 액세서리 등으로 치장함. 또는 그 꾸밈새.
예 그는 **장식**이 화려한 옷을 입었다.

유의어 ▶ 치장 잘 매만져 곱게 꾸밈.

확인학습

1-3 다음 낱말과 그 뜻풀이를 바르게 선으로 이으세요.

1 인심 •

      • ㉠ 남의 처지를 헤아려 주고 도와주는 마음.

2 작전 •

      • ㉡ 옷이나 액세서리 등으로 치장함. 또는 그 꾸밈새.

3 장식 •

      • ㉢ 어떤 일을 이루기 위하여 필요한 조치나 방법을 강구함.

4-6 다음 낱말의 뜻풀이에 알맞은 말을 골라 ○표를 하세요.

4 일생   세상에 태어나서 (늙을, 죽을) 때까지의 동안.

5 자부심 자신의 가치나 능력을 믿고 (거만히, 당당히) 여기는 마음.

6 자손   자신의 세대에서 여러 세대가 지난 뒤의 (부모, 자녀)를 통틀어 이르는 말.

7-8 빈칸에 들어갈 알맞은 낱말을 보기 에서 찾아 쓰세요.

> 보기   인심 일정 자부심

7 공원의 분수대는 (   ) 시간이 되면 저절로 물이 흘러나온다.

8 도둑이 들고 난 후부터 마을 사람들의 (   )이 사납게 변했다.

9 보기 의 밑줄 친 낱말과 바꾸어 쓸 수 있는 낱말은 무엇인가요?

> 보기   색종이를 오려 붙여 교실의 게시판을 장식했다.

① 가치   ② 인정   ③ 치료   ④ 치장

걸린 시간   분   맞은 개수   개

교과 어휘 - 고유어

국어 ☐☐

어리둥절하다

무슨 영문인지 잘 몰라서 얼떨떨하다.

예 언니의 잠꼬대를 듣고 나는 어리둥절했다.

어휘 쏙 영문 일이 돌아가는 형편이나 그 까닭.

국어 ☐☐

억지

잘 안될 일을 무리하게 기어이 해내려는 고집.

예 그는 자기 말이 옳다며 계속 억지를 부렸다.

유의어 생떼 억지로 쓰는 떼.

국어 ☐☐

엄청나다

짐작이나 생각보다 정도가 아주 심하다.

예 바깥에 바람이 엄청나게 분다.

유의어 막대하다 더할 수 없을 만큼 많거나 크다.

국어 ☐☐

엿듣다

남의 말을 몰래 가만히 듣다.

예 화장실에 앉아 있다 우연히 두 사람의 말을 엿들었다.

국어 ☐☐

오목하다

가운데가 동그스름하게 폭 패거나 들어가 있는 상태이다.

예 유정이가 웃자 보조개가 오목하게 들어갔다.

유의어 움푹하다 가운데가 우묵하게 푹 들어간 데가 있다.

사회 ☐☐

옷감

옷을 짓는 데 쓰는 천.

예 매끈한 옷감으로 치마를 만들었다.

국어 ☐☐

우거지다

풀, 나무 등이 자라서 무성해지다.

예 나무가 우거진 숲길을 걸었다.

유의어 울창하다 나무가 빽빽하게 우거지고 푸르다.

1-2 다음 뜻풀이에 알맞은 낱말을 **보기**에서 찾아 쓰세요.

> **보기** 엄청나다 엿듣다 오목하다 우거지다

1 남의 말을 몰래 가만히 듣다.   (   )

2 가운데가 동그스름하게 폭 패거나 들어가 있는 상태이다.   (   )

3-4 다음 낱말의 뜻풀이에 알맞은 말을 골라 ○표를 하세요.

3 옷감 옷을 짓는 데 쓰는 (기계, 천).

4 억지 잘 안될 일을 무리하게 기어이 해내려는 (고집, 다짐).

5-7 다음 낱말이 들어갈 문장을 찾아 바르게 선으로 이으세요.

5 어리둥절하게 •   • ㉠ 사람의 발바닥은 가운데가 (   ) 들어가 있다.

6 엄청나게 •   • ㉡ 사람들이 음식을 먹으려고 한 가게 앞에 줄을 (   ) 길게 섰다.

7 오목하게 •   • ㉢ 옆 반의 쌍둥이 형제가 동시에 내 이름을 불러서 나를 (   ) 만들었다.

8-9 다음 밑줄 친 낱말과 바꾸어 쓸 수 있는 낱말을 **보기**에서 찾아 쓰세요.

> **보기** 막대한 울창한 움푹한

8 <u>우거진</u> 수풀 사이에 산새가 둥지를 틀었다.   (   )

9 산불이 나는 바람에 동물들은 <u>엄청난</u> 피해를 입었다.   (   )

걸린 시간   분   맞은 개수   개

심화 어휘 - 주제별 한자 성어

★ 말이나 대답

동문서답

東 동녘 동 | 問 물을 문 | 西 서녘 서 | 答 대답 답

물음과는 전혀 상관없는 엉뚱한 대답.

예 밥을 먹었냐는 내 물음에 민석이는 날씨가 참 좋다는 **동문서답**을 하였다.

언중유골

言 말씀 언 | 中 가운데 중 | 有 있을 유 | 骨 뼈 골

말 속에 뼈가 있다는 뜻으로, 예사로운 말 속에 단단한 속뜻이 들어 있음을 이르는 말.

예 **언중유골**이라더니, 선생님이 내게 그런 말씀을 하신 까닭이 있었구나.

유구무언

有 있을 유 | 口 입 구 | 無 없을 무 | 言 말씀 언

입은 있으나 할말이 없다는 뜻으로, 변명할 말이 없음을 이르는 말.

예 범인은 **유구무언**이라면서 고개를 푹 숙였다.

어휘쏙 변명 어떤 잘못이나 실수에 대하여 구실을 대며 그 까닭을 말함.

함구무언

緘 봉할 함 | 口 입 구 | 無 없을 무 | 言 말씀 언

입을 다물고 아무 말도 하지 아니함.

예 두현이는 화가 났는지 조금 전부터 **함구무언**이다.

★ 하나로 둘을 얻음

일거양득

一 한 일 | 擧 들 거 | 兩 두 양 | 得 얻을 득

한 가지 일을 하여 두 가지 이익을 얻음.

예 운동을 하면 건강해지고 키도 크는 **일거양득**의 기쁨을 누릴 수 있다.

일석이조

一 한 일 | 石 돌 석 | 二 두 이 | 鳥 새 조

돌 한 개를 던져 새 두 마리를 잡는다는 뜻으로, 동시에 두 가지 이득을 봄을 이르는 말.

예 겨울에 내복을 입으면 난방비도 줄이고 환경도 보호하고 **일석이조**이다.

확인 학습

1-3 다음 한자 성어와 그 뜻풀이를 바르게 선으로 이으세요.

1 동문서답 •

           • ㉠ 입을 다물고 아무 말도 하지 아니함.

2 일거양득 •

           • ㉡ 물음과는 전혀 상관없는 엉뚱한 대답.

3 함구무언 •

           • ㉢ 한 가지 일을 하여 두 가지 이익을 얻음.

4-5 다음 한자 성어의 뜻풀이에 알맞은 말을 골라 ○표를 하세요.

4 유구무언   입은 있으나 할말이 없다는 뜻으로, (변동, 변명)할 말이 없음을 이르는 말.

5 언중유골   말 속에 (뼈, 살)이/가 있다는 뜻으로, 예사로운 말 속에 단단한 속뜻이 들어 있음을 이르는 말.

6-8 빈칸에 들어갈 알맞은 한자 성어를 **보기**에서 찾아 쓰세요.

> **보기**   동문서답   언중유골   일석이조   함구무언

6 책을 읽으면 재미도 있고 지식도 얻을 수 있어서 (   )이다.

7 은하는 무슨 일이 있었는지 물어도 (   )한 채 눈물만 흘렸다.

8 민호는 숙제를 하라는 어머니의 말에 (   )하며 딴청을 피웠다.

9 다음 밑줄 친 상황을 표현하기에 알맞은 한자 성어는 무엇인가요?

>   나와 성민이가 복도를 뛰어다니며 놀고 있었는데 미술 선생님이 지나가시며 "너희들은 참 활기차구나."라고 말씀하셨다. <u>나중에 알고 보니 그 말은 우리들이 너무 시끄럽다는 뜻이었다.</u>

① 언중유골   ② 유구무언   ③ 일거양득   ④ 일석이조   ⑤ 함구무언

 걸린 시간   분   맞은 개수   개

공부한 날 ◯ 월 ◯ 일

교과 어휘 – 한자어

재산
財 재물 재 | 産 낳을 산

다른 것과 서로 바꿀 수 있는, 자기가 가진 모든 돈과 사물.
예 그는 장사를 해서 조금씩 **재산**을 늘려 나갔다.

유의어 재물 돈이나 그 밖의 값나가는 모든 물건.

저장고
貯 쌓을 저 | 藏 감출 장 | 庫 곳집 고

물건이나 재화 등을 모아서 간수하여 두는 창고.
예 오늘 수확한 사과를 **저장고**에 넣어 두었다.

어휘 쏙 재화 사람이 바라는 바를 충분하게 채워 주는 모든 물건.

전달
傳 전할 전 | 達 통달할 달

지시, 명령, 물품 등을 다른 사람이나 기관에 전하여 이르게 함.
예 이 편지를 태영이에게 **전달**해 줘.

전설
傳 전할 전 | 說 말씀 설

오래전부터 전하여 내려오는 말이나 이야기.
예 이 연못에는 산신령이 산다는 **전설**이 있다.

유의어 민담 예로부터 일반 백성들 사이에 전하여 내려오는 이야기.

전염병
傳 전할 전 | 染 물들 염 | 病 병 병

남에게 옮아가는 성질을 가진 병들을 통틀어 이르는 말.
예 모기는 사람들에게 **전염병**을 옮기는 해충이다.

유의어 유행병 어떤 지역에 널리 퍼져 여러 사람이 잇따라 돌아가며 옮아 앓는 병.

절반
折 꺾을 절 | 半 반 반

하나를 반으로 가름. 또는 그렇게 가른 반.
예 우리 반 학생의 **절반**은 안경을 쓴다.

절약
節 마디 절 | 約 맺을 약

함부로 쓰지 아니하고 꼭 필요한 데에만 써서 아낌.
예 서로 도우면 일하는 데 드는 시간을 **절약**할 수 있다.

반의어 허비 헛되이 씀. 또는 그렇게 쓰는 비용.

1-3 다음 낱말과 그 뜻풀이를 바르게 선으로 이으세요.

1 재산 •

2 전달 •

3 절약 •

• ㉠ 함부로 쓰지 아니하고 꼭 필요한 데에만 써서 아낌.

• ㉡ 다른 것과 서로 바꿀 수 있는, 자기가 가진 모든 돈과 사물.

• ㉢ 지시, 명령, 물품 등을 다른 사람이나 기관에 전하여 이르게 함.

4-6 다음 낱말의 뜻풀이에 알맞은 말을 골라 ○표를 하세요.

4 전설 오래전부터 전하여 내려오는 (말, 물건)이나 이야기.

5 저장고 물건이나 재화 등을 (모아서, 숨겨서) 간수하여 두는 창고.

6 전염병 남에게 (옮아가는, 옳아가는) 성질을 가진 병들을 통틀어 이르는 말.

7-8 빈칸에 들어갈 알맞은 낱말을 보기에서 찾아 쓰세요.

보기   저장고   전달   절반

7 색종이를 (   )(으)로 접었다.

8 상자에서 자기 몫을 하나씩 꺼내고 옆 사람에게 (   )하세요.

9 보기의 밑줄 친 낱말과 뜻이 <u>반대</u>인 낱말은 무엇인가요?

보기   이 장치가 있으면 전기를 30퍼센트 절약할 수 있다.

① 허무   ② 허비   ③ 허용   ④ 허탕

걸린 시간   분   맞은 개수   개

교과 어휘 - 다의어

살다

① 생명을 지니고 있다.

예 두 사람은 오래오래 행복하게 **살았다**.

② 자리를 잡고 머무르거나 지내다.

예 나는 경기도 고양시에 **산다**.

③ 본래 가지고 있던 색깔이나 특징 등이 그대로 있거나 뚜렷이 나타나다.

예 이 글은 글쓴이의 개성이 **살아** 있다.

속

① 거죽이나 껍질로 싸인 물체의 안쪽 부분.

예 수박은 겉이 초록색이지만 **속**은 빨갛다.

② 사람의 몸에서 배의 안 또는 위장.

예 차멀미를 해서 **속**이 메스껍다.

③ 어떤 현상이나 상황, 일의 안이나 가운데.

예 나는 잠 **속**으로 빠져들었다.

교과 어휘 - 동음이의어

쓰다¹

연필 등으로 획을 그어 모양을 이루다.

예 나는 연필로 내 이름을 **썼다**.

쓰다²

혀로 느끼는 맛이 한약이나 소태, 씀바귀의 맛과 같다.

예 몸에 좋은 약은 입에 **쓰다**고 했다.

용기¹
勇 날랠 용 | 氣 기운 기

씩씩하고 굳센 기운. 또는 사물을 겁내지 아니하는 기개.

예 네 말을 들으니 **용기**가 난다.

용기²
容 얼굴 용 | 器 그릇 기

물건을 담는 그릇.

예 일회용 **용기** 사용을 줄이자.

1-2 밑줄 친 낱말의 뜻으로 알맞은 것의 기호를 쓰세요.

1 어려운 상황 <u>속</u>에서도 이 자리에 모여 주셔서 감사합니다. ( )

ㄱ 어떤 현상이나 상황, 일의 안이나 가운데.
ㄴ 거죽이나 껍질로 싸인 물체의 안쪽 부분.

2 모르는 것을 모른다고 말하는 일에도 <u>용기</u>가 필요하다. ( )

ㄱ 물건을 담는 그릇.
ㄴ 씩씩하고 굳센 기운. 또는 사물을 겁내지 아니하는 기개.

3-5 다음 밑줄 친 낱말의 뜻풀이를 찾아 바르게 선으로 이으세요.

3 연꽃은 물에서 <u>사는</u> 식물이다. • • ㄱ 생명을 지니고 있다.

4 선인장은 물을 많이 주지 않아도 • • ㄴ 자리를 잡고 머무르거나 지내다.
잘 <u>산다</u>.

5 이 가구는 나무의 아름다운 결이 • • ㄷ 본래 가지고 있던 색깔이나 특징 등이
잘 <u>살아</u> 있다. 그대로 있거나 뚜렷이 나타나다.

6-7 빈칸에 들어갈 알맞은 낱말을 보기 에서 찾아 쓰세요.

보기
살아   속   써   용기

6 이 ( )은/는 전자레인지에 넣고 돌려도 괜찮다.

7 그는 한 자 한 자 또박또박 글씨를 ( ) 내려갔다.

8-9 다음 뜻풀이에 알맞은 낱말을 보기 에서 찾아 기호를 쓰세요.

보기
아영: 어제 밤을 먹으려고 까 보니 ㄱ<u>속</u>은 벌레가 다 먹었더라.
한나: 으, 이야기만 들었는데 ㄴ<u>속</u>이 거북한 것 같아.

8 사람의 몸에서 배의 안 또는 위장. ( )

9 거죽이나 껍질로 싸인 물체의 안쪽 부분. ( )

걸린 시간   분   맞은 개수   개

심화 어휘 – 주제별 속담

★ 아주 쉬운 일

누워서 떡 먹기	하기가 매우 쉬운 것을 이르는 말. 예 줄넘기 백 개는 누워서 떡 먹기다.

땅 짚고 헤엄치기	아주 하기 쉬운 일을 이르는 말. 예 요리사인 아빠에게 라면 끓이기는 땅 짚고 헤엄치기이다.

식은 죽 먹기	거리낌 없이 아주 쉽게 예사로 하는 모양. 예 그는 거짓말을 식은 죽 먹듯이 한다. 어휘쏙 거리낌 마음에 걸려서 꺼림칙하게 생각됨.

심화 어휘 – 주제별 관용어

★ 머리와 관련된 관용어

머리를 굴리다	머리를 써서 해결 방안을 생각해 내다. 예 어떻게 하면 이 문제를 풀 수 있는지 머리를 굴려 보자.

머리를 긁다	수줍거나 무안해서 어쩔 줄 모를 때 그 어색함을 무마하려고 머리를 긁적이다. 예 태영이는 칭찬을 듣고 수줍어서 머리를 긁었다. 어휘쏙 무마 다툼이나 사건 등을 어물어물 덮어 버림.

머리를 맞대다	어떤 일을 의논하거나 결정하기 위하여 서로 마주 대하다. 예 이 일은 다 함께 머리를 맞대서 해결해야 한다.

1-3 다음 관용어와 그 뜻풀이를 바르게 선으로 이으세요.

1 머리를 굴리다 •

2 머리를 긁다 •

3 머리를 맞대다 •

• ㉠ 머리를 써서 해결 방안을 생각해 내다.

• ㉡ 어떤 일을 의논하거나 결정하기 위하여 서로 마주 대하다.

• ㉢ 수줍거나 무안해서 어쩔 줄 모를 때 그 어색함을 무마하려고 머리를 긁적이다.

4-5 다음 뜻풀이를 보고 속담의 빈칸에 들어갈 알맞은 낱말을 쓰세요.

4 아주 하기 쉬운 일을 이르는 말. → 땅 짚고 (   )

5 거리낌 없이 아주 쉽게 예사로 하는 모양. → (   ) 죽 먹기

6-8 빈칸에 들어갈 알맞은 낱말을 보기 에서 찾아 쓰세요.

> 보기   땅   떡   밥   빵   싹   죽

6 아이들은 식은 (   ) 먹듯이 학교 담을 넘어 다녔다.

7 매일 연습했더니 100미터 달리기는 이제 누워서 (   ) 먹기보다 더 쉬웠다.

8 영어로 대화하기는 어렸을 적 미국에 있다 온 나에게 (   ) 짚고 헤엄치기이다.

9 다음 상황에 알맞은 관용어를 골라 ○표를 하세요.

> 오늘 단비가 수학 숙제를 함께 하자고 말했다. 나는 혼자서도 할 수 있다며 거절했다. 그런데 아무리 머리를 (굴려도, 돌려도) 문제가 풀리지 않았다. 하는 수 없이 단비에게 도와 달라고 부탁했다. 둘이서 머리를 (내미니, 맞대니) 숙제가 금방 끝났다. 나는 처음에 단비의 말을 거절한 것이 부끄러워 머리를 (깎았다, 긁었다).

걸린 시간   분   맞은 개수   개

 교과 어휘 – 한자어

국어 ☐☐

조절
調 고를 조 | 節 마디 절

균형이 맞게 바로잡음. 또는 적당하게 맞추어 나감.

예 살을 빼기 위해서는 먹는 양을 조절해야 한다.

▶유의어 절제 정도에 넘지 아니하도록 알맞게 조절하여 제한함.

사회 ☐☐

주민
住 살 주 | 民 백성 민

일정한 지역에 살고 있는 사람.

예 나는 서울시 주민이다.

▶유의어 거주민 일정한 장소에 자리를 잡고 살아가는 사람들.

사회 ☐☐

주차
駐 머무를 주 | 車 수레 차

자동차를 일정한 곳에 세워 둠.

예 이곳은 주차가 금지된 장소입니다.

국어 ☐☐

증거
證 증거 증 | 據 근거 거

어떤 사실을 증명할 수 있는 근거.

예 땅이 젖어 있는 것은 비가 왔다는 증거이다.

어휘쏙 증명 어떤 일이나 생각 등에 대하여 그것이 진실인지 아닌지 증거를 들어 밝힘

국어 ☐☐

증세
症 증세 증 | 勢 형세 세

병을 앓을 때 나타나는 여러 가지 상태나 모양.

예 의사가 나에게 증세가 어떤지 물었다.

▶유의어 증상 병을 앓을 때 나타나는 여러 가지 상태나 모양.

과학 ☐☐

지시
指 가리킬 지 | 示 보일 시

일러서 시킴. 또는 그 내용.

예 약은 약사의 지시에 따라 먹어야 한다.

▶유의어 명령 윗사람이 아랫사람에게 무엇을 하도록 시킴. 또는 그 내용.

국어 ☐☐

지진
地 땅 지 | 震 우레 진

땅이 일정한 기간 동안 갑자기 흔들리며 움직이는 것.

예 지진이 일어나면 책상 밑으로 들어가 몸을 보호해야 한다.

1-3 **다음 낱말과 그 뜻풀이를 바르게 선으로 이으세요.**

1 조절 •

2 증거 •

3 증세 •

• ㉠ 어떤 사실을 증명할 수 있는 근거.

• ㉡ 병을 앓을 때 나타나는 여러 가지 상태나 모양.

• ㉢ 균형이 맞게 바로잡음. 또는 적당하게 맞추어 나감.

4-6 **다음 낱말의 뜻풀이에 알맞은 말을 골라 ○표를 하세요.**

4 주민 일정한 지역에 살고 있는 (동물, 사람).

5 주차 자동차를 일정한 곳에 (맡겨, 세워) 둠.

6 지진 (땅, 벽)이 일정한 기간 동안 갑자기 흔들리며 움직이는 것.

7-8 **빈칸에 들어갈 알맞은 낱말을 보기 에서 찾아 쓰세요.**

보기   조절   증세   지시

7 이 에어컨은 방 안의 온도를 자동으로 (   )해 준다.

8 선생님께서 모두 운동장에 한 시까지 모이라고 (   )하셨다.

9-10 **다음 밑줄 친 낱말과 바꾸어 쓸 수 있는 낱말을 보기 에서 찾아 쓰세요.**

보기   거주민   명령   증상

9 나는 복숭아만 먹으면 기침, 가려움 등의 <u>증세</u>가 나타난다.   (   )

10 이 아파트 <u>주민</u>이라면 누구나 도서관, 체육관을 쓸 수 있습니다.   (   )

걸린 시간   분   맞은 개수   개

교과 어휘 - 고유어

우기다
억지를 부려 제 의견을 고집스럽게 내세우다.
예 동생은 비가 오는데도 밖에 나가 놀겠다고 우겼다.

우짖다
① 새가 울며 지저귀다.
예 갈매기들이 우짖으며 우리 배를 따라왔다.
② 울며 부르짖다.
예 밤이 되자 짐승들이 우짖는 소리가 들린다.

유의어 울부짖다 크게 소리를 내어 울며 부르짖다.

우쭐하다
의기양양하여 뽐내다.
예 친구들 중 맨 처음 문제를 푼 소라가 우쭐했다.

웅크리다
몹시 우그려 작게 하다.
예 나는 방 한 구석에 웅크리고 앉았다.

반의어 펴다 굽은 것을 곧게 하다. 또는 움츠리거나 구부리거나 오므라든 것을 벌리다.

워낙
① 두드러지게 아주.
예 워낙 급해서 미리 말하지 못했다.
② 본디부터.
예 내 목소리는 워낙 크다.

유의어 원체 ① 두드러지게 아주. ② 본디부터.

이맘때
이만큼 된 때.
예 나는 매일 이맘때만 되면 졸리다.

유의어 요맘때 요만큼 된 때.

자루
속에 물건을 담을 수 있도록 헝겊 등으로 길고 크게 만든 주머니.
예 아버지가 쌀이 든 자루를 어깨에 짊어지셨다.

유의어 포대 종이, 천, 가죽 등으로 만든 큰 자루.

1-3 다음 뜻풀이에 알맞은 낱말을 **보기**에서 찾아 쓰세요.

> **보기**　　　우기다　　우짖다　　우쭐하다　　웅크리다

1 새가 울며 지저귀다.　　　　　　　　　　　　　　　(　　　　)

2 몹시 우그려 작게 하다.　　　　　　　　　　　　　(　　　　)

3 억지를 부려 제 의견을 고집스럽게 내세우다.　　(　　　　)

4-6 다음 밑줄 친 낱말과 바꾸어 쓸 수 있는 낱말을 찾아 바르게 선으로 이으세요.

4 나는 <u>워낙</u> 올빼미처럼 늦게 잔다.　　　　　•　　　　　• ㉠ 요맘때

5 산에서 주운 밤을 <u>자루</u>에 가득 담았다.　　　•　　　　　• ㉡ 원체

6 꽃이 피는 <u>이맘때</u>에 꽃놀이를 나서는 사람들이 •　　　　　• ㉢ 포대
　　많아진다.

7-9 다음 낱말이 들어갈 문장을 찾아 바르게 선으로 이으세요.

7 　우짖어서　•　　　　• ㉠ 내가 칭찬하자 정훈이는 (　　　) 좋아했다.

8 　우쭐하며　•　　　　• ㉡ 이 골목에 지나갈 때면 개들이 (　　　) 무섭다.

9 　　워낙　　•　　　　• ㉢ 지율이는 몸이 (　　　) 약해서 겨울이면 감기에
　　　　　　　　　　　　　걸린다.

걸린 시간　　　　분　　　맞은 개수　　　　　개

심화 어휘 – 헷갈리기 쉬운 낱말

안다

두 팔을 벌려 가슴 쪽으로 끌어당기거나 그렇게 하여 품 안에 있게 하다.

예 곰 인형을 **안고** 잠이 들었다.

앉다

윗몸을 바로 한 상태에서 엉덩이에 몸무게를 실어 다른 물건이나 바닥에 몸을 올려놓다.

예 의자에 **앉아** 책을 읽었다.

업다

사람이나 동물 등을 등에 대고 손으로 붙잡거나 무엇으로 동여매어 붙어 있게 하다.

예 다리를 다친 수진이를 등에 **업고** 양호실에 갔다.

엎다

물건 등을 거꾸로 돌려 위가 밑을 향하게 하다.

예 언니가 불러서 책을 책상 위에 **엎어** 두고 나왔다.

젓다

액체나 가루 등이 고르게 섞이도록 손이나 기구 등을 내용물에 넣고 이리저리 돌리다.

예 우유에 미숫가루를 넣고 잘 **저었다.**

젖다

물이 배어 축축하게 되다.

예 실컷 뛰었더니 옷이 땀에 **젖었다.**

1-2 다음 낱말과 그 뜻풀이를 바르게 선으로 이으세요.

1 안다 •

2 엎다 •

• ㉠ 물건 등을 거꾸로 돌려 위가 밑을 향하게 하다.

• ㉡ 두 팔을 벌려 가슴 쪽으로 끌어당기거나 그렇게 하여 품 안에 있게 하다.

3-5 빈칸에 들어갈 알맞은 낱말을 보기 에서 찾아 쓰세요.

> 보기   앉고   업고   엎고   젓고   젖고

3 다리가 너무 아파서 어딘가에 (   ) 싶다.

4 집에 오는 길에 소나기를 맞아 온몸이 흠뻑 (   ) 말았다.

5 내가 어렸을 때 할머니는 나를 (   ) 동네를 한 바퀴 돌곤 하셨다.

6-7 다음 문장에 알맞은 낱말을 골라 ○표를 하세요.

6 설탕과 물이 잘 섞일 수 있도록 막대로 (저어, 젖어) 주세요.

7 베짱이는 개미가 일하는 동안 나무 그늘에 (안아, 앉아) 노래를 불렀다.

8-9 다음 글에서 잘못된 부분을 찾아 바르게 고쳐 쓰세요.

> 저녁에 동생과 아이스크림을 실컷 먹고 잠이 들었다. 그런데 배가 아파서 자다가 깼다. 식은땀을 흘려 이불과 베개가 다 저었다. 아버지는 새벽에 나를 엎고 응급실로 뛰어가셨다. 병원에서 주사를 두 대나 맞았다. 정말 힘든 하루였다.

8 (   ) ➔ (   )

9 (   ) ➔ (   )

걸린 시간   분   맞은 개수   개

교과 어휘 – 한자어

직선
直 곧을 직 | 線 줄 선

꺾이거나 굽은 데가 없는 곧은 선.
예 두 마을을 **직선**으로 잇는 도로를 만들고 있다.

반의어 **곡선** 모나지 아니하고 부드럽게 굽은 선

진동
振 떨칠 진 | 動 움직일 동

① 흔들려 움직임.
예 공공장소에서는 휴대 전화 벨을 **진동**으로 바꾸어 주세요.
② 냄새 등이 아주 심하게 나는 상태.
예 맛있는 냄새가 방 안에 **진동**한다.

진입
進 나아갈 진 | 入 들 입

향하여 내쳐 들어감.
예 이 도로에는 자전거가 **진입**할 수 없습니다.

어휘 쏙 **내처** 어떤 일 끝에 더 나아가.

차이점
差 다를 차 | 異 다를 이 | 點 점 점

서로 같지 아니하고 다른 점.
예 감기와 독감 사이에는 **차이점**이 있다.

반의어 **공통점** 둘 또는 그 이상의 여럿 사이에 두루 통하는 점.

참가
參 참여할 참 | 加 더할 가

모임이나 단체 또는 일에 관계하여 들어감.
예 글짓기 대회에 **참가**한 모든 학생들에게 상품을 드립니다.

유의어 **참여** 어떤 일에 끼어들어 관계함.

채집
採 캘 채 | 集 모을 집

널리 찾아서 얻거나 캐거나 잡아 모으는 일.
예 우리 할아버지는 돌을 **채집**하신다.

유의어 **수집** 취미나 연구를 위하여 여러 가지 물건이나 재료를 찾아 모음.

책자
册 책 책 | 子 아들 자

어떤 생각을 글이나 그림으로 나타낸 종이를 묶어 꿰맨 물건.
예 우리 반 친구들이 쓴 글을 모아 **책자**를 만들기로 했다.

1-3 다음 낱말과 그 뜻풀이를 바르게 선으로 이으세요.

1 진동 •
2 진입 •
3 채집 •

• ㉠ 흔들려 움직임.

• ㉡ 향하여 내처 들어감.

• ㉢ 널리 찾아서 얻거나 캐거나 잡아 모으는 일.

4-6 다음 낱말의 뜻풀이에 알맞은 말을 골라 ○표를 하세요.

4 직선 꺾이거나 (굽은, 맺힌) 데가 없는 곧은 선.

5 참가 모임이나 단체 또는 일에 (관람하여, 관계하여) 들어감.

6 책자 어떤 생각을 글이나 (그림, 몸짓)으로 나타낸 종이를 묶어 꿰맨 물건.

7-8 빈칸에 들어갈 알맞은 낱말을 보기 에서 찾아 쓰세요.

보기	진동 차이점 채집

7 나는 여름이 되면 곤충들을 (   )하며 놀았다.

8 꽃가게에 들어가니 향긋한 꽃향기가 (   )한다.

9 보기 의 밑줄 친 낱말과 뜻이 <u>반대</u>인 낱말은 무엇인가요?

보기	두 형제의 <u>차이점</u>은 동생이 더 말랐다는 것이다.

① 공통점   ② 문제점   ③ 출발점   ④ 특이점

걸린 시간   분   맞은 개수   개

20회

🐛 **교과 어휘** - 고유어

[국어]

잔뜩

한도에 이를 때까지 가득.
예 배가 고파서 밥을 **잔뜩** 먹었다.

유의어 힘껏 있는 힘을 다하여. 또는 힘이 닿는 데까지.

[사회]

잔소리

① 쓸데없이 자질구레한 말을 늘어놓음. 또는 그 말.
예 **잔소리**하지 말고 시키는 대로 해라.

② 필요 이상으로 듣기 싫게 꾸짖거나 참견함. 또는 그런 말.
예 양말을 아무 데나 벗어 놓아서 **잔소리**를 들었다.

어휘 쏙 자질구레하다 모두가 잘고 시시하여 대수롭지 아니하다.

[국어]

재빠르다

동작 등이 재고 빠르다.
예 생쥐는 몸놀림이 **재빠르다**.

유의어 날렵하다 재빠르고 날래다.

[국어]

저절로

다른 힘을 빌리지 않고 제 스스로. 또는 인공의 힘을 더하지 아니하고 자연적으로.
예 며칠 쉬었더니 감기가 **저절로** 나았다.

어휘 쏙 인공 자연 그대로의 사물에 사람의 손길이나 힘을 가하여 바꾸어 놓는 일.

[국어]

제멋대로

아무렇게나 마구. 또는 제가 하고 싶은 대로.
예 규칙을 지키지 않고 **제멋대로** 행동하면 다칠 수 있습니다.

[국어]

주섬주섬

여기저기 널려 있는 물건을 하나하나 주워 거두는 모양.
예 장난감들을 **주섬주섬** 장난감 상자에 담았다.

[국어]

지게

짐을 얹어 사람이 등에 지는 우리나라 고유의 운반 기구.
예 **지게**를 지고 산에 나무를 하러 간다.

어휘 쏙 운반 물건 등을 옮겨 나름.

확인학습

1-3 다음 뜻풀이에 알맞은 낱말을 보기 에서 찾아 쓰세요.

> 보기   잔소리   저절로   제멋대로   지게

1 아무렇게나 마구. 또는 제가 하고 싶은 대로.   (   )

2 쓸데없이 자질구레한 말을 늘어놓음. 또는 그 말.   (   )

3 다른 힘을 빌리지 않고 제 스스로. 또는 인공의 힘을 더하지 아니하고 자연적으로.

(   )

4-6 다음 낱말의 뜻풀이에 알맞은 말을 골라 ○표를 하세요.

4 재빠르다   (동물, 동작) 등이 재고 빠르다.

5 잔뜩   한도에 이를 때까지 (가득, 가만히).

6 주섬주섬   여기저기 널려 있는 물건을 하나하나 주워 (거두는, 벌리는) 모양.

7-9 다음 낱말이 들어갈 문장을 찾아 바르게 선으로 이으세요.

7 잔뜩 •

8 잔소리 •

9 지게 •

• ㉠ (   ) 듣기 싫으면 늦지 말고 제때 와라.

• ㉡ 나무가 잔뜩 쌓인 (   )을/를 힘차게 들어올렸다.

• ㉢ 그는 화가 나서 얼굴을 (   ) 찌푸리며 소리를 쳤다.

10 보기 의 밑줄 친 낱말과 바꾸어 쓸 수 있는 낱말은 무엇인가요?

> 보기   어찌나 <u>재빠른지</u> 눈에 잘 보이지도 않았다.

① 굼뜬지   ② 날렵한지   ③ 날카로운지   ④ 둔한지

걸린 시간   분   맞은 개수   개

심화 어휘 – 주제별 한자 성어

★ 올바름에 대한 교훈

개과천선
改 고칠 개 | 過 지날 과 | 遷 옮길 천 | 善 착할 선

지난날의 잘못이나 허물을 고쳐 올바르고 착하게 됨.
예 잘못을 용서받은 그는 **개과천선**하여 좋은 사람이 되었다.

권선징악
勸 권할 권 | 善 착할 선 | 懲 징계할 징 | 惡 악할 악

착한 일을 권장하고 악한 일을 징계함.
예 흥부전은 **권선징악**의 교훈을 담고 있다.
어휘쏙 징계 허물이나 잘못을 뉘우치도록 나무라며 단속함.

사필귀정
事 일 사 | 必 반드시 필 | 歸 돌아갈 귀 | 正 바를 정

모든 일은 반드시 바른길로 돌아감.
예 **사필귀정**이라고 했으니 억울해도 조금만 참고 기다리자.

인과응보
因 인할 인 | 果 실과 과 | 應 응할 응 | 報 갚을 보

착한 일을 하면 착한 일의 결과가, 나쁜 일을 하면 나쁜 일의 결과가 반드시 뒤따름.
예 **인과응보**라고 하더니 제비 다리를 부러뜨린 놀부는 벌을 받았다.

★ 점점 심해짐

설상가상
雪 눈 설 | 上 윗 상 | 加 더할 가 | 霜 서리 상

눈 위에 서리가 덮인다는 뜻으로, 어려운 일이나 불행한 일이 잇따라 일어남을 이르는 말.
예 내일 쪽지시험을 보는데 **설상가상**으로 발표 숙제까지 있다.

점입가경
漸 점점 점 | 入 들 입 | 佳 아름다울 가 | 境 지경 경

갈수록 점점 더 좋거나 재미가 있음.
예 이 책은 **점입가경**이라 한 번 읽기 시작하면 손에서 놓기 어렵다.

확인학습

1-3 다음 한자 성어와 그 뜻풀이를 바르게 선으로 이으세요.

1 개과천선 •   • ㉠ 갈수록 점점 더 좋거나 재미가 있음.

2 권선징악 •   • ㉡ 착한 일을 권장하고 악한 일을 징계함.

3 점입가경 •   • ㉢ 지난날의 잘못이나 허물을 고쳐 올바르고 착
하게 됨.

4-5 다음 한자 성어의 뜻풀이에 알맞은 말을 골라 ○표를 하세요.

4 사필귀정   모든 일은 반드시 (갈림길, 바른길)로 돌아감.

5 설상가상   눈 위에 (서리, 안개)가 덮인다는 뜻으로, 어려운 일이나 불행한 일이 잇
따라 일어남을 이르는 말.

6-8 빈칸에 들어갈 알맞은 한자 성어를 보기 에서 찾아 쓰세요.

> 보기   개과천선   설상가상   인과응보   점입가경

6 한라산은 깊이 들어갈수록 (   )이었다.

7 그동안 부모님의 속을 썩였던 불효자는 (   )하여 부모님께 효도하기로 했다.

8 같은 반 친구를 따돌렸던 그가 따돌림 당하는 것을 보고 세상에 (   )이/가 있
음을 느꼈다.

9 다음 밑줄 친 상황을 표현하기에 알맞은 한자 성어는 무엇인가요?

> 약속 시간에 늦어서 택시를 탔는데 길이 너무 막히는 탓에 차가 앞으로 나아가지 못했
> 다. 그런데다가 갑자기 배까지 아프기 시작했다.

① 권선징악   ② 사필귀정   ③ 설상가상   ④ 인과응보   ⑤ 점입가경

  걸린 시간   분   맞은 개수   개

 교과 어휘 - 한자어

국어

천연
天 하늘 천 | 然 그럴 연

사람의 힘을 가하지 아니한 상태.

예 이 옷감은 **천연** 재료로 색깔을 냈다.

반의어 인조 사람이 만듦. 또는 그런 물건.

과학

청각
聽 들을 청 | 覺 깨달을 각

소리를 느끼는 감각.

예 박쥐는 눈이 안 보이는 대신 **청각**이 뛰어나다.

국어

초청
招 부를 초 | 請 청할 청

사람을 청하여 부름.

예 호랑이가 생일잔치에 다른 동물들을 **초청**했다.

유의어 초대 어떤 모임에 참가해 줄 것을 청함.

사회

축복
祝 빌 축 | 福 복 복

행복을 빎. 또는 그 행복.

예 결혼하는 두 사람을 **축복**해 주었다.

사회

출동
出 날 출 | 動 움직일 동

일정한 목적을 실행하기 위하여 떠남.

예 소방관은 불이 난 곳이라면 어디든 **출동**한다.

어휘 쏙 실행 실제로 행함.

국어

취소
取 가질 취 | 消 사라질 소

어떤 계획이나 일정, 말 등을 없었던 것으로 함.

예 비가 와서 오늘 열리는 경기가 **취소**되었다.

유의어 철회 이미 제출하였던 것이나 주장하였던 것 등을 도로 거두어들이거나 취소함.

국어

탐구
探 찾을 탐 | 究 연구할 구

진리, 학문 등을 파고들어 깊이 연구함.

예 나는 사람들이 어떻게 말하는지 **탐구**하고 싶다.

어휘 쏙 진리 참된 이치. 또는 참된 도리.

1-3 다음 낱말과 그 뜻풀이를 바르게 선으로 이으세요.

1 천연 •   • ㉠ 행복을 빎. 또는 그 행복.

2 축복 •   • ㉡ 사람의 힘을 가하지 아니한 상태.

3 탐구 •   • ㉢ 진리, 학문 등을 파고들어 깊이 연구함.

4-6 다음 낱말의 뜻풀이에 알맞은 말을 골라 ○표를 하세요.

4 청각   (냄새, 소리)를 느끼는 감각.

5 출동   일정한 목적을 실행하기 위하여 (떠남, 모임).

6 탐구   진리, 학문 등을 (파고들어, 파묻어) 깊이 연구함.

7-8 빈칸에 들어갈 알맞은 낱말을 보기 에서 찾아 쓰세요.

보기   천연   초청   출동

7 집에 도둑이 들었다는 신고를 받고 경찰관들이 (   )했다.

8 오늘 이 자리에 김하나 영화감독님을 (   )해 이야기 나눠 보겠습니다.

9-10 다음 밑줄 친 낱말과 바꾸어 쓸 수 있는 낱말을 보기 에서 찾아 쓰세요.

보기   진리   철회   초대

9 그 회사는 물건 가격을 내리기로 한 약속을 취소하였다.   (   )

10 가수 이현준 씨가 미국의 한 방송국에서 초청을 받았다.   (   )

걸린 시간   분   맞은 개수   개

교과 어휘 - 다의어

얼굴

① 눈, 코, 입이 있는 머리의 앞면.

예 햇빛을 많이 받았더니 **얼굴**에 주근깨가 생겼다.

② 속마음의 상태가 나타난 표정.

예 희연이는 벌레를 보고 겁에 질린 **얼굴**로 도망갔다.

③ 어떤 사물을 대표하거나 그 진면목을 잘 드러내는 대상.

예 여러분 한 사람 한 사람이 우리 학교의 **얼굴**입니다.

어휘쏙 진면목 본디부터 지니고 있는 그대로의 상태.

자리

① 사람이나 물체가 차지하고 있는 공간.

예 집이 너무 좁아서 탁자를 들여놓을 **자리**가 없다.

② 사람이 앉을 수 있도록 의자 등을 마련해 놓은 곳.

예 노약자에게 **자리**를 양보합시다.

③ 일정한 사람이 모인 곳. 또는 그런 기회.

예 이 **자리**를 빛내 주신 모든 분들께 감사드립니다.

교과 어휘 - 동음이의어

졸다¹

잠을 자려고 하지 않는데도 자꾸 잠들게 되다.

예 버스에서 **졸다**가 내릴 곳을 지나치고 말았다.

졸다²

찌개, 국, 한약 등의 물이 증발하여 분량이 적어지다.

예 찌개가 다 **졸아서** 국물이 없어졌다.

어휘쏙 증발 어떤 물질이 액체 상태에서 기체 상태로 변함. 또는 그런 현상.

짜다¹

소금과 같은 맛이 있다.

예 **짜게** 먹는 습관을 피해야 한다.

짜다²

누르거나 비틀어서 물기나 기름 등을 빼내다.

예 치약을 **짜서** 양치를 한다.

1-2 밑줄 친 낱말의 뜻으로 알맞은 것의 기호를 쓰세요.

1 이 자리에 좀 앉아도 되겠습니까?　　　　　　　　　　(　　)

㉠ 일정한 사람이 모인 곳. 또는 그런 기회.
㉡ 사람이 앉을 수 있도록 의자 등을 마련해 놓은 곳.

2 냄비에 넣은 딸기와 설탕이 졸아 잼이 되었다.　　　　　(　　)

㉠ 잠을 자려고 하지 않는데도 자꾸 잠들게 되다.
㉡ 찌개, 국, 한약 등의 물이 증발하여 분량이 적어지다.

3-5 다음 밑줄 친 낱말의 뜻풀이를 찾아 바르게 선으로 이으세요.

3 얼굴에 치약이 묻었다. 　　•

　　　　　　　　　　　　　　　• ㉠ 속마음의 상태가 나타난 표정.

4 넋 나간 얼굴로 서 있다. 　•

　　　　　　　　　　　　　　　• ㉡ 눈, 코, 입이 있는 머리의 앞면.

5 새로 생긴 공원은 우리 시의 얼굴•
이 되었다.

　　　　　　　　　　　　　　　• ㉢ 어떤 사물을 대표하거나 그 진면목을
　　　　　　　　　　　　　　　　　잘 드러내는 대상.

6-7 빈칸에 들어갈 알맞은 낱말을 보기 에서 찾아 쓰세요.

보기　　　　　　　얼굴　　　자리　　　졸음　　　짜기

6 이 (　　　　)에 서 있으면 온 동네가 다 내려다보인다.

7 (　　　　) 운전은 사고를 일으킬 수 있는 위험한 행동이다.

8-9 다음 뜻풀이에 알맞은 낱말을 보기 에서 찾아 기호를 쓰세요.

보기　메리: 이것 봐. ㉠짜서 쓰는 고추장을 팔고 있어. 한번 사서 음식에 넣어 볼까?
　　　사라: 고추장은 너무 많이 넣으면 ㉡짤 수 있으니까 조금만 넣자.

8 소금과 같은 맛이 있다.　　　　　　　　　　　　　　(　　)

9 누르거나 비틀어서 물기나 기름 등을 빼내다.　　　　(　　)

걸린 시간 　　　　분　　　맞은 개수 　　　　개

심화 어휘 – 주제별 속담

★ 삶의 이치

가랑비에 옷 젖는 줄 모른다	아무리 사소한 것이라도 그것이 거듭되면 무시하지 못할 정도로 크게 됨을 이르는 말. 예 가랑비에 옷 젖는 줄 모른다더니 매일 오백 원씩 모았는데 어느새 만 원이 되었다.
등잔 밑이 어둡다	대상에서 가까이 있는 사람이 도리어 대상에 대하여 잘 알기 어렵다는 말. 예 등잔 밑이 어둡다고 주머니에 지갑이 들어 있었는데 한참 찾았다.
쓴 약이 더 좋다	비판이나 꾸지람이 당장에 듣기에는 좋지 아니하지만 잘 받아들이면 본인에게 이로움을 이르는 말. 예 쓴 약이 더 좋다고 했으니 기분이 나쁘겠지만 내 말을 꼭 새겨 두어라.

심화 어휘 – 주제별 관용어

★ 목과 관련된 관용어

목에 걸리다	충격으로 음식 등이 목구멍으로 잘 넘어가지 않다. 예 친구가 많이 아프다는 소식을 들은 뒤 밥이 목에 걸려 넘어가지 않는다.
목을 축이다	목말라 물 등을 마시다 예 냉장고에 있던 시원한 보리차로 목을 축였다.
목이 빠지게 기다리다	몹시 안타깝게 기다리다. 예 우리 집 강아지는 내가 오기만을 목이 빠지게 기다린다.

1-3 **다음 관용어와 그 뜻풀이를 바르게 선으로 이으세요.**

1 목에 걸리다 •   • ㉠ 목말라 물 등을 마시다.

2 목을 축이다 •   • ㉡ 몹시 안타깝게 기다리다.

3 목이 빠지게 •   • ㉢ 충격으로 음식 등이 목구멍으로 잘 넘
기다리다   어가지 않다.

4-5 **다음 뜻풀이에 알맞은 속담을 보기에서 찾아 기호를 쓰세요.**

> 보기 ㉠ 쓴 약이 더 좋다   ㉡ 등잔 밑이 어둡다   ㉢ 가랑비에 옷 젖는 줄 모른다

4 대상에서 가까이 있는 사람이 도리어 대상에 대하여 잘 알기 어렵다는 말.   (   )

5 아무리 사소한 것이라도 그것이 거듭되면 무시하지 못할 정도로 크게 됨   (   )
을 이르는 말.

6-7 **빈칸에 들어갈 알맞은 낱말을 보기에서 찾아 쓰세요.**

> 보기   등잔   머리   약   옷   음식

6 텔레비전을 조금만 더 보려다가 약속에 늦었다니 정말 가랑비에 (   ) 젖는 줄 모
르는구나!

7 쓴 (   )이/가 더 좋다더니 처음에는 나를 혼내시는 선생님이 미웠는데 지나고 보
니 선생님의 말씀이 옳은 말씀이었다.

8 **다음 상황에 알맞은 관용어를 골라 ○표를 하세요.**

> 오늘은 우리 반과 6반의 축구 시합이 있는 날이다. 나는 이 날을 목이 (빠지게, 찢어지
> 게) 기다렸다. 곧 경기가 시작되었고, 친구들을 열심히 응원했다. 틈틈이 물로 목을 (세
> 우고, 축이고) 큰 소리로 응원가도 불렀다. 그런데 우리 반이 지고 말았다. 나는 너무 충
> 격을 받아서 간식으로 받은 빵이 목에 (걸리는, 붙는) 기분이었다.

걸린 시간   분   맞은 개수   개

교과 어휘 - 한자어

태평
太 클 태 | 平 평평할 평

① 나라가 안정되어 아무 걱정 없고 평안함.
예 어려움은 지나가고 **태평** 시대가 열렸다.

② 마음에 아무 근심 걱정이 없음.
예 내일이 시험인데 **태평**하게 잠을 자고 있다니.

> 어휘 쏙 **안정** 바뀌어 달라지지 아니하고 일정한 상태를 유지함.
> 반의어 **혼란** 뒤죽박죽이 되어 어지럽고 질서가 없음.

투명
透 사무칠 투 | 明 밝을 명

물 등이 속까지 환히 비치도록 맑음.
예 앞으로 색이 있는 페트병이 모두 **투명**한 페트병으로 바뀐다.

> 반의어 **불투명** 물 등이 맑지 못하고 흐릿함.

특별
特 특별할 특 | 別 다를 별

보통과 구별되게 다름.
예 태풍으로 피해를 입은 지역에 대한 **특별** 대책이 마련되었다.

> 유의어 **특이** 보통 것이나 보통 상태에 비하여 두드러지게 다름.

편의
便 편할 편 | 宜 마땅 의

형편이나 조건 등이 편하고 좋음.
예 우리 가게는 손님들의 **편의**를 위해 물건을 배달해 주기로 했다.

폭발
爆 터질 폭 | 發 필 발

불이 일어나며 갑작스럽게 터짐.
예 곧 화산이 **폭발**하니 모두 대피하시기 바랍니다.

표시
標 표할 표 | 示 보일 시

표를 하여 바깥에 드러내 보임.
예 내 물건에는 이름표로 **표시**해 두었다.

> 유의어 **징표** 어떤 것과 다른 것을 드러내 보이는 뚜렷한 점

표어
標 표할 표 | 語 말씀 어

의견이나 주장 등을 알리기 위하여 간결하게 나타낸 짧은 어구.
예 통일을 주제로 한 **표어**를 짓는 것이 숙제이다.

자신을
사랑하자

> 어휘 쏙 **어구** 말의 마디나 구절.

1-3 다음 낱말과 그 뜻풀이를 바르게 선으로 이으세요.

1 태평 •   • ㉠ 표를 하여 바깥에 드러내 보임.

2 편의 •   • ㉡ 형편이나 조건 등이 편하고 좋음.

3 표시 •   • ㉢ 나라가 안정되어 아무 걱정 없고 평안함.

4-6 다음 낱말의 뜻풀이에 알맞은 말을 골라 ○표를 하세요.

4 폭발   (땅, 불)이 일어나며 갑작스럽게 터짐.

5 투명   물 등이 속까지 환히 비치도록 (맑음, 차가움).

6 표어   의견이나 주장 등을 알리기 위하여 간결하게 나타낸 짧은 (그림, 어구).

7-8 빈칸에 들어갈 알맞은 낱말을 보기 에서 찾아 쓰세요.

보기   태평   특별   폭발

7 휴대 전화 배터리가 갑자기 (   )하는 사고가 일어났다.

8 나는 겉으로는 (   )한 척했지만 사실은 너무 무서웠다.

9-10 다음 밑줄 친 낱말과 바꾸어 쓸 수 있는 낱말을 보기 에서 찾아 기호를 쓰세요.

보기   징표   특이   혼란

9 새로 나온 로봇 1호는 특별한 능력을 가지고 있다.   (   )

10 이 도장은 안심하고 먹을 수 있는 음식이라는 표시이다.   (   )

걸린 시간   분   맞은 개수   개

교과 어휘 - 고유어

지지다

① 불에 달군 판에 기름을 바르고 전 등을 부쳐 익히다.

예 부침개를 지지는 소리는 빗소리와 비슷하다.

② 열을 내는 것에 대어 찜질을 하다.

예 온돌방에 몸을 지지니 잠이 솔솔 온다.

어휘 쏙 찜질 약물이나 더운 물에 적신 헝겊, 또는 얼음덩이를 아픈 곳에 대어 병을 고치는 일.

짚

벼, 보리, 밀, 조 등의 이삭을 떨어낸 줄기와 잎.

예 짚을 꼬아서 짚신을 만들었다.

어휘 쏙 떨어내다 떨어져 나오게 하다.

짭조름하다

조금 짠맛이 있다.

예 우리 엄마 반찬은 짭조름하고 맛있다.

출렁거리다

물 등이 큰 물결을 이루며 자꾸 흔들리다.

예 바람이 불자 강물이 사납게 출렁거렸다.

유의어 울렁거리다 물결이 잇따라 흔들리다.

투덜거리다

남이 알아듣기 어려울 정도의 낮은 목소리로 자꾸 불평을 하다.

예 아이들은 수업이 늦게 끝나자 투덜거리기 시작했다.

유의어 시부렁거리다 주책 없이 쓸데없는 말을 함부로 자꾸 지껄이다.

펼치다

① 펴서 드러내다.

예 모두 42쪽을 펼치세요.

② 보고 듣거나 감상할 수 있도록 활짝 드러내다.

예 산을 한참 올라가자 아름다운 경치가 펼쳐졌다.

하마터면

조금만 잘못하였더라면.

예 하늘을 보며 걷다가 하마터면 자전거와 부딪칠 뻔했다.

유의어 자칫 어쩌다가 조금 어긋남을 나타낼 때 쓰는 말.

1-3 다음 뜻풀이에 알맞은 낱말을 보기 에서 찾아 쓰세요.

> 보기   지지다   짭조름하다   출렁거리다   펼치다

1 조금 짠맛이 있다.   (   )

2 열을 내는 것에 대어 찜질을 하다.   (   )

3 보고 듣거나 감상할 수 있도록 활짝 드러내다.   (   )

4-6 다음 낱말의 뜻풀이에 알맞은 말을 골라 ○표를 하세요.

4   하마터면   조금만 (잘못, 조심)하였더라면.

5   짚   벼, 보리, 밀, 조 등의 (꽃잎, 이삭)을 떨어낸 줄기와 잎.

6   투덜거리다   남이 알아듣기 어려울 정도의 (낮은, 높은) 목소리로 자꾸 불평을 하다.

7-9 다음 낱말이 들어갈 문장을 찾아 바르게 선으로 이으세요.

7   지져   •   • ㉠ 파도 때문에 배가 (   ) 멀미가 났다.

8   출렁거려   •   • ㉡ 설날에 온 가족이 모여 전을 (   ) 먹었다.

9   펼쳐   •   • ㉢ 나는 가끔씩 어릴 적에 찍은 사진이 담긴 앨범을
　　　　　　　　　　　　　　　　　 (   ) 본다.

10   보기 의 밑줄 친 낱말과 바꾸어 쓸 수 있는 낱말은 무엇인가요?

> 보기   하마터면 큰 사고로 이어질 뻔했다.

① 겨우   ② 결국   ③ 자칫   ④ 하지만

걸린 시간 　　　 분   맞은 개수 　　　 개

심화 어휘 – 헷갈리기 쉬운 낱말

어느

① 여럿 가운데 대상이 되는 것이 무엇인지 물을 때 쓰는 말.

예 어느 색을 가장 좋아하십니까?

② 정확히 모르거나 분명하게 말할 필요가 없는 대상을 이를 때 쓰는 말.

예 햇볕이 쨍쨍 내리쬐는 어느 가을날이었다.

여느

다른 보통의.

예 그날은 여느 때와 달리 몹시 춥고 바람이 불었다.

좇다

① 목표, 이상, 행복 등을 추구하다.

예 돈만 좇으며 살아서는 안 된다.

어휘 쏙 **이상** 생각할 수 있는 범위 안에서 가장 완전하다고 여겨지는 상태.

② 남의 말이나 뜻을 따르다.

예 아버지의 말씀을 좇기로 했습니다.

쫓다

① 어떤 대상을 잡거나 만나기 위하여 뒤를 급히 따르다.

예 경찰들은 달아나는 도둑을 쫓아 골목길로 들어섰다.

② 어떤 자리에서 떠나도록 몰다.

예 옛날 사람들은 팥이 귀신을 쫓아 준다고 믿었다.

집다

손가락이나 발가락으로 물건을 잡아서 들다.

예 바닥에 떨어진 머리카락을 집어서 버렸다.

짚다

바닥이나 벽, 지팡이 등에 몸을 의지하다.

예 손으로 땅을 짚고 몸을 일으켰다.

확인학습

1-2 **다음 낱말과 그 뜻풀이를 바르게 선으로 이으세요.**

1   집다 ·
· ㉠ 손가락이나 발가락으로 물건을 잡아서 들다.

2   쫓다 ·
· ㉡ 어떤 대상을 잡거나 만나기 위하여 뒤를 급히 따르다.

3-5 **빈칸에 들어갈 알맞은 낱말을 보기 에서 찾아 쓰세요.**

> 보기   어느   여느   쫓아   집어   짚어

3   지훈이는 (   ) 반 친구들보다도 키가 크다.

4   옛날에 (   ) 마을에 마음씨 착한 농부가 살았다.

5   사람들은 누구나 편한 것을 (   ) 살고 싶어 한다.

6-7 **다음 문장에 알맞은 낱말을 골라 ○표를 하세요.**

6   모기를 (좇기, 쫓기) 위해 모깃불을 피웠다.

7   나는 다리를 다쳐서 한 달 동안 목발을 (집고, 짚고) 다녀야 한다.

8-9 **다음 글에서 잘못된 부분을 찾아 바르게 고쳐 쓰세요.**

> 나와 솔이는 집에 가는 길에 아이스크림 가게에 들렀다. 아이스크림 종류가 너무 많아서 무엇을 먹어야 할지 고민이 됐다. 나는 솔이에게 여느 맛을 고를지 물어 보았다. 솔이는 딸기 맛을 먹겠다고 했다. 나도 솔이를 쫓아 딸기 맛 아이스크림을 골랐다.

8   (   ) ➔ (   )

9   (   ) ➔ (   )

   걸린 시간　　　　　분　　　　맞은 개수　　　　　개

 교과 어휘 – 한자어

풍년
豊 풍년 풍 | 年 해 년

곡식이 잘 자라고 잘 여물어 보통의 해
보다 수확이 많은 해.
예 올해는 사과 농사가 **풍년**이다.

반의어 흉년 농작물이 예년
에 비하여 잘되지 아니하여
굶주리게 된 해.

한식
韓 한국 한 | 食 밥 식

우리나라 고유의 음식이나 식사.
예 나는 양식보다 **한식**을 더 좋아한다.

해설
解 풀 해 | 說 말씀 설

문제나 사건의 내용 등을 알기 쉽게 풀어 설명함. 또는
그런 글이나 책.
예 이 수학 문제집에는 자세한 **해설**이 실려 있다.

해안
海 바다 해 | 岸 언덕 안

바다와 육지가 맞닿은 부분.
예 바닷바람을 맞으며 **해안**을 따라 난 길을 걸었다.

유의어 연안 육지와 면한 강,
바다, 호수 등의 물가.

핵가족
核 씨 핵 | 家 집 가 | 族 겨레 족

한 쌍의 부부와 결혼하지 않은 자녀만으로 이루어진 가족.
예 이 탁자는 **핵가족**이 쓰기에 알맞은 크기이다.

반의어 대가족 여러 대의 가
족이 한집에 모여 사는 가족.

핵심
核 씨 핵 | 心 마음 심

사물의 가장 중심이 되는 부분.
예 이번 문제의 **핵심**은 서로 약속을 지키지 않았다
는 점이다.

유의어 요점 가장 중요하고
중심이 되는 사실이나 생각.

허락
許 허락할 허 | 諾 허락할 락

청하는 일을 하도록 들어줌.
예 물건을 쓰기 전에 먼저 내 **허락**을 받아라.

유의어 허용 허락하여 너그
럽게 받아들임.

확인학습

[1-3] **다음 낱말과 그 뜻풀이를 바르게 선으로 이으세요.**

1 풍년 •

2 해안 •

3 허락 •

• ㉠ 청하는 일을 하도록 들어줌.

• ㉡ 바다와 육지가 맞닿은 부분.

• ㉢ 곡식이 잘 자라고 잘 여물어 보통의 해보다 수확이 많은 해.

[4-5] **다음 낱말의 뜻풀이에 알맞은 말을 골라 ○표를 하세요.**

4 핵심   사물의 가장 (주변, 중심)이 되는 부분.

5 핵가족   한 쌍의 부부와 결혼하지 않은 (자녀, 자매)만으로 이루어진 가족.

[6-8] **빈칸에 들어갈 알맞은 낱말을 보기 에서 찾아 쓰세요.**

보기   한식   해설   해안   허락

6 비빔밥은 외국인도 좋아하는 (   )이다.

7 오늘 밤부터 제주도 (   )에 강한 바람이 불겠습니다.

8 이 책에는 작가와 작품에 대한 (   )이/가 실려 작품을 이해하기가 쉽다.

9 **보기 의 밑줄 친 낱말과 뜻이 반대인 낱말은 무엇인가요?**

보기   복숭아 농사가 풍년이 들어서 가지마다 열매가 주렁주렁 열렸다.

① 허가   ② 허용   ③ 흉내   ④ 흉년

 걸린 시간   분   맞은 개수   개

공부한 날 ◯ 월 ◯ 일

교과 어휘 - 고유어

한가득

꽉 차도록 가득.

예 바구니에 과일을 한가득 담았다.

한가운데

공간이나 시간, 상황 등의 바로 가운데.

예 주인공이 무대의 한가운데에 섰다.

유의어 복판 일정한 공간이나 사물의 한가운데.

한결

전에 비하여서 한층 더.

예 신발을 바꿨더니 한결 걷기 편해졌다.

유의어 보다 어떤 수준에 비하여 한층 더.

헐레벌떡

숨을 가쁘고 거칠게 몰아쉬는 모양.

예 지갑을 두고 온 것이 생각나서, 집으로 헐레벌떡 뛰어갔다.

헤아리다

① 수량을 세다.

예 하늘에는 헤아릴 수 없을 만큼 많은 별이 떠 있다.

② 짐작하여 가늠하거나 미루어 생각하다.

예 말 못하는 동물의 마음을 헤아려 보아라.

어휘 쏙 가늠하다 목표나 기준에 맞고 안 맞음을 헤아려 보다.

헷갈리다

① 정신이 혼란스럽게 되다.

예 하루 종일 공사 소리를 들으니 정신이 헷갈린다.

② 여러 가지가 뒤섞여 갈피를 잡지 못하다.

예 나는 항상 두 사람의 이름이 헷갈린다.

어휘 쏙 갈피 일이나 사물의 갈래가 구별되는 어름.

휘다

꼿꼿하던 물체가 구부러지다. 또는 그 물체를 구부리다.

예 젓가락 한 짝이 휘어서 젓가락질이 잘 안 된다.

반의어 곧다 굽거나 비뚤어지지 아니하고 똑바르다.

확인학습

1-3 다음 뜻풀이에 알맞은 낱말을 **보기** 에서 찾아 쓰세요.

> **보기**   한가득   한가운데   한결   헐레벌떡

1 꽉 차도록 가득.   (   )

2 숨을 가쁘고 거칠게 몰아쉬는 모양.   (   )

3 공간이나 시간, 상황 등의 바로 가운데.   (   )

4-5 다음 낱말의 뜻풀이에 알맞은 말을 골라 ○표를 하세요.

4 헤아리다   짐작하여 가늠하거나 (당기어, 미루어) 생각하다.

5 헷갈리다   여러 가지가 (뒤따라, 뒤섞여) 갈피를 잡지 못하다.

6-8 다음 낱말이 들어갈 문장을 찾아 바르게 선으로 이으세요.

6   헤아려   •   • ㉠ 밤새 눈을 맞은 나뭇가지는 아래로 (   ) 있었다.

7   헷갈려   •   • ㉡ 아이들이 너무 떠드는 통에 정신이 (   ) 혼났다.

8   휘어   •   • ㉢ 나는 봉지에 사탕이 몇 개 들었는지 (   ) 보았다.

9 **보기** 의 밑줄 친 낱말과 바꾸어 쓸 수 있는 낱말은 무엇인가요?

> **보기**   괜찮다는 친구의 말을 들으니 마음이 <u>한결</u> 가벼워졌다.

① 보다   ② 보드득   ③ 한가득   ④ 한동안

걸린 시간   분   맞은 개수   개

심화 어휘 – 주제별 한자 성어

★ 독서와 학문

독서삼매
讀 읽을 독 | 書 글 서 | 三 석 삼 | 昧 어두울 매

다른 생각은 전혀 아니 하고 오직 책 읽기에만 골몰하는 경지.

예 **독서삼매**에 빠져 밤이 새는지도 몰랐다.

어휘쏙 **골몰** 다른 생각을 할 여유도 없이 한 가지 일에만 파묻힘.

박학다식
博 넓을 박 | 學 배울 학 | 多 많을 다 | 識 알 식

학식이 넓고 아는 것이 많음.

예 그는 **박학다식**한데 겸손하기까지 하다.

어휘쏙 **학식** 지식과 사물을 분별할 수 있는 능력을 통틀어 이르는 말.

온고지신
溫 쌓을 온 | 故 연고 고 | 知 알 지 | 新 새 신

옛것을 익히고 그것을 미루어서 새것을 앎.

예 우리나라의 전통 음식을 만들어 보며 **온고지신**의 교훈을 얻었다.

주경야독
晝 낮 주 | 耕 밭 갈 경 | 夜 밤 야 | 讀 읽을 독

낮에는 농사짓고, 밤에는 글을 읽는다는 뜻으로, 어려움 속에서도 꿋꿋이 공부함을 이르는 말.

예 나는 **주경야독**으로 대학교 졸업장을 따냈다.

★ 욕심을 부림

견물생심
見 볼 견 | 物 물건 물 | 生 날 생 | 心 마음 심

어떠한 물건을 실제로 보게 되면 그것을 가지고 싶은 욕심이 생김.

예 **견물생심**이라더니 문구점에만 가면 새 볼펜이 가지고 싶다.

소탐대실
小 작을 소 | 貪 탐낼 탐 | 大 클 대 | 失 잃을 실

작은 것을 탐하다가 큰 것을 잃음.

예 물건을 더 비싸게 팔려다 손님들이 다 떠났으니 **소탐대실**이다.

1-3 다음 한자 성어와 그 뜻풀이를 바르게 선으로 이으세요.

1 독서삼매 •

2 박학다식 •

3 소탐대실 •

• ㉠ 학식이 넓고 아는 것이 많음.

• ㉡ 작은 것을 탐하다가 큰 것을 잃음.

• ㉢ 다른 생각은 전혀 아니 하고 오직 책 읽기에만 골몰하는 경지.

4-5 다음 한자 성어의 뜻풀이에 알맞은 말을 골라 ○표를 하세요.

4 온고지신 옛것을 익히고 그것을 미루어서 (새것, 헛것)을 앎.

5 견물생심 어떠한 물건을 실제로 보게 되면 그것을 가지고 싶은 (심술, 욕심)이 생김.

6-8 빈칸에 들어갈 알맞은 한자 성어를 보기 에서 찾아 쓰세요.

> 보기   견물생심   독서삼매   박학다식   주경야독

6 도서관에서 무심코 책을 집었다가 (   )에 빠져 버렸다.

7 우리 누나는 일하는 중에도 영어 공부가 하고 싶어 (   )하고 있다.

8 (   )이라고 진수의 새 게임기를 실제로 보니 나도 게임기가 가지고 싶어졌다.

9 다음 밑줄 친 상황을 표현하기에 알맞은 한자 성어는 무엇인가요?

> 공부도 중요하지만 때때로 휴식 시간을 가져야 한다. 지식을 얻으려다가 더 중요한 건강을 잃을 수도 있기 때문이다.

① 견물생심   ② 독서삼매   ③ 박학다식   ④ 소탐대실   ⑤ 온고지신

 걸린 시간   분   맞은 개수   개

🐙 교과 어휘 – 한자어

과학 ☐☐

혼합물
混 섞을 혼 | 合 합할 합 | 物 물건 물

여러 가지가 뒤섞여서 이루어진 물건.
예 이 약은 여러 가지 식물을 넣어 만든 **혼합물**이다.

어휘 쏙 뒤섞이다 물건 등이 한데 마구 섞이다.

사회 ☐☐

홍수
洪 넓을 홍 | 水 물 수

비가 많이 와서 강이나 개천에 갑자기 크게 불은 물.
예 **홍수**가 나서 공원이 다 잠겼다.

반의어 가뭄 오랫동안 계속하여 비가 내리지 않아 메마른 날씨.

국어 ☐☐

화원
花 꽃 화 | 園 동산 원

① 꽃을 심은 동산.
예 그 **화원**에는 일 년 내내 꽃이 핀다.
② 꽃을 파는 가게.
예 **화원**에서 장미꽃 한 다발을 샀다.

유의어 꽃동산 꽃이 많이 피어 있는 동산.

국어 ☐☐

활주로
滑 미끄러울 활 | 走 달릴 주 | 路 길 로

비행장에서 비행기가 뜨거나 내릴 때에 달리는 길.
예 비행기가 **활주로**를 달리다가 날아올랐다.

국어 ☐☐

효행
孝 효도 효 | 行 다닐 행

부모를 잘 섬기는 행실.
예 나는 부모님께 **효행**을 다하기로 다짐했다.

어휘 쏙 행실 실지로 드러나는 행동.

국어 ☐☐

후각
嗅 맡을 후 | 覺 깨달을 각

냄새를 맡는 감각.
예 감기에 걸려서 **후각**이 둔해졌다.

국어 ☐☐

희귀
稀 드물 희 | 貴 귀할 귀

드물어서 특이하거나 매우 귀함.
예 이 박물관에서는 많은 **희귀** 동물을 구경할 수 있다.

1-3 다음 낱말과 그 뜻풀이를 바르게 선으로 이으세요.

1 혼합물 •   • ㉠ 꽃을 심은 동산.

2 화원 •   • ㉡ 드물어서 특이하거나 매우 귀함.

3 희귀 •   • ㉢ 여러 가지가 뒤섞여서 이루어진 물건.

4-5 다음 낱말의 뜻풀이에 알맞은 말을 골라 ○표를 하세요.

4 홍수   (비, 서리)가 많이 와서 강이나 개천에 갑자기 크게 불은 물.

5 활주로   비행장에서 비행기가 (뚫거나, 뜨거나) 내릴 때에 달리는 길.

6-8 빈칸에 들어갈 알맞은 낱말을 보기 에서 찾아 쓰세요.

보기   혼합물   화원   효행   후각

6 집 앞 (   )에서 산 선인장에 꽃이 피었다.

7 우리 모두 (   )(으)로 부모님을 기쁘게 해 드리자.

8 개들은 (   )만으로 자기 주인이 누구인지 가려낼 수 있다.

9 보기 의 밑줄 친 낱말과 뜻이 반대인 낱말은 무엇인가요?

보기   나무를 많이 심으면 홍수를 막을 수 있다.

① 가난   ② 가랑비   ③ 가뭄   ④ 가식

걸린 시간   분   맞은 개수   개

교과 어휘 - 다의어

줄기

① 뿌리와 잎을 이어 주며 양분을 전달하는 식물의 한 부분.
예 미역 **줄기**를 볶아 반찬을 만들었다.

② 잇대어 뻗어 나가는 물이나 산 등의 갈래.
예 지리산 **줄기**가 이 마을 전체를 감싸고 있다.

③ 불, 빛, 연기 등이 길게 뻗어 나가는 것을 셀 때 쓰는 말.
예 저 멀리서 불빛 한 **줄기**가 피어올랐다.

틈

① 벌어져 사이가 난 자리.
예 커튼 **틈**으로 햇빛이 들어온다.

② 모여 있는 사람의 속.
예 나는 사람들 **틈**을 돌아다니며 언니를 찾았다.

③ 사람들 사이에 생기는 거리.
예 한동안 못 봤더니 나와 소희 사이에 **틈**이 생긴 것 같다.

교과 어휘 - 동음이의어

차¹

식물의 잎이나 뿌리, 과실 등을 달이거나 우리거나 하여 만든 마실 것.
예 나는 커피보다 **차**가 좋다.
어휘 쏙 우리다 어떤 물건을 액체에 담가 맛이나 빛깔 등의 성질이 액체 속으로 빠져나오게 하다.

차²
車 수레 차

바퀴가 굴러서 나아가게 되어 있는, 사람이나 짐을 실어 옮기는 것.
예 고장난 **차**가 길에 서 있다.

창¹
窓 창 창

공기나 햇빛을 받을 수 있고, 밖을 내다볼 수 있도록 벽이나 지붕에 낸 작은 문.
예 거실에 **창**이 크게 나 있다.

창²

신의 밑바닥 부분.
예 구두의 **창**이 다 떨어져 나갔다.

확인학습

[1-2] **밑줄 친 낱말의 뜻으로 알맞은 것의 기호를 쓰세요.**

1 여름 동안 비가 많이 내리지 않아서 강물 <u>줄기</u>가 약해졌다. ( )

㉠ 잇대어 뻗어 나가는 물이나 산 등의 갈래.
㉡ 불, 빛, 연기 등이 길게 뻗어 나가는 것을 셀 때 쓰는 말.

2 <u>창</u>에 얼굴을 대고 비가 오는 것을 구경했다. ( )

㉠ 신의 밑바닥 부분.
㉡ 공기나 햇빛을 받을 수 있고 밖을 내다볼 수 있도록 벽이나 지붕에 낸 작은 문.

[3-5] **다음 밑줄 친 낱말의 뜻풀이를 찾아 바르게 선으로 이으세요.**

3 돌 <u>틈</u>으로 예쁜 꽃이 피어올랐다. • • ㉠ 모여 있는 사람의 속.

4 사소한 거짓말 때문에 나와 무영 • • ㉡ 벌어져 사이가 난 자리.
이 사이에 <u>틈</u>이 생겼다.

5 어머니는 많은 학생들 <u>틈</u>에 섞인 • • ㉢ 사람들 사이에 생기는 거리.
나를 금방 찾아내셨다.

[6-7] **빈칸에 들어갈 알맞은 낱말을 보기에서 찾아 쓰세요.**

> **보기**
>
> 줄기   차   창   틈

6 이 신발은 ( )만 갈면 새 것처럼 신을 수 있다.

7 정성껏 가꾸었더니 토마토 ( )이/가 길고 튼튼해졌다.

[8-9] **다음 뜻풀이에 알맞은 낱말을 보기에서 찾아 기호를 쓰세요.**

> **보기**
>
> 용준: 네가 지난번에 끓여 준 ㉠차 정말 맛있던데. 어디에서 구한 거야?
> 희영: 그거? 조금 멀리 떨어진 동네에서 샀는데. ㉡차를 타고 십 분 정도 가야 해.

8 바퀴가 굴러서 나아가게 되어 있는, 사람이나 짐을 실어 옮기는 것. ( )

9 식물의 잎이나 뿌리, 과실 등을 달이거나 우리거나 하여 만든 마실 것. ( )

걸린 시간   분   맞은 개수   개

심화 어휘 - 주제별 속담

★ 욕심과 이기심

| 남의 손의 떡은 커 보인다 | 남의 것이 제 것보다 더 좋아 보임을 이르는 말.
예 남의 손의 떡은 커 보인다더니 똑같은 빵을 샀는데 재호 것이 더 맛있어 보인다. |

| 말 타면 경마 잡히고 싶다 | 사람의 욕심이란 한이 없다는 말.
예 말 타면 경마 잡히고 싶다더니 옷을 사고 나니 가방도 사고 싶다. |

| 제 논에 물 대기 | 자기에게만 이롭도록 하는 경우를 이르는 말.
예 서로 제 논에 물 대기 식의 말만 하면서 싸움이 났다. |

심화 어휘 - 주제별 관용어

★ 어깨와 관련된 관용어

| 어깨가 무겁다 | 무거운 책임을 져서 마음에 부담이 크다.
예 제가 이런 큰 자리를 맡게 되다니 어깨가 무겁습니다. |

| 어깨를 나란히 하다 | 서로 비슷한 위치에 있거나 비슷한 힘을 가지다.
예 우리나라의 영화는 세계의 영화와 어깨를 나란히 한다. |

| 어깨를 으쓱거리다 | 뽐내고 싶은 기분이나 떳떳하고 자랑스러운 기분이 되다.
예 문제를 다 맞힌 소연이는 어깨를 으쓱거렸다. |

1-3 다음 관용어와 그 뜻풀이를 바르게 선으로 이으세요.

1 어깨가 무겁다 •

2 어깨를 나란히 하다 •

3 어깨를 으쓱거리다 •

• ㉠ 무거운 책임을 져서 마음에 부담이 크다.

• ㉡ 서로 비슷한 위치에 있거나 비슷한 힘을 가지다.

• ㉢ 뽐내고 싶은 기분이나 떳떳하고 자랑스러운 기분이 되다.

4-5 다음 뜻풀이에 알맞은 속담을 보기 에서 찾아 기호를 쓰세요.

보기   ㉠ 제 논에 물 대기   ㉡ 남의 손의 떡은 커 보인다   ㉢ 말 타면 경마 잡히고 싶다

4 사람의 욕심이란 한이 없다는 말. ( )

5 남의 것이 제 것보다 더 좋아 보임을 이르는 말. ( )

6-7 빈칸에 들어갈 알맞은 낱말을 보기 에서 찾아 쓰세요.

보기   논   떡   밥   산   집

6 남의 손의 ( )은 커 보인다더니 똑같은 걸 사 줬는데 왜 서로 남의 것을 갖겠다고 싸우니?

7 이제부터 청소 시간을 줄이자니, 너만 청소를 덜 하고 싶어서 제 ( )에 물 대는 말을 하는구나.

8 다음 상황에 알맞은 관용어를 골라 ○표를 하세요.

나는 반 대표로 달리기 대회에 나가게 되었다. 옆 반 대표는 우리 학교에서 제일 빠르다는 철수였다. 철수는 어깨를 (움츠렸다, 으쓱거렸다). 나 때문에 우리 반이 질까 봐 어깨가 (가벼웠다, 무거웠다). 하지만 있는 힘껏 달렸고, 결국 철수를 이겼다. 우리 학교에서 제일 빠르다는 철수와 어깨를 (가지런히, 나란히) 하다니 어쩐지 기분이 좋았다.

걸린 시간   분   맞은 개수   개

어휘력 향상에 꼭 필요한 696개 필수 낱말 총정리

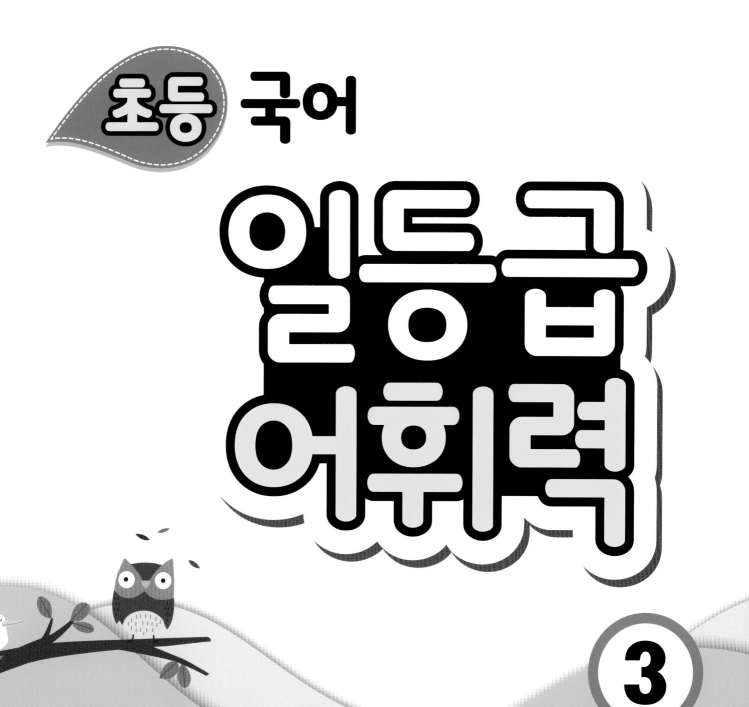

초등 국어

일등급 어휘력

③

[어휘력 테스트 & 정답과 해설]

어휘력
테스트

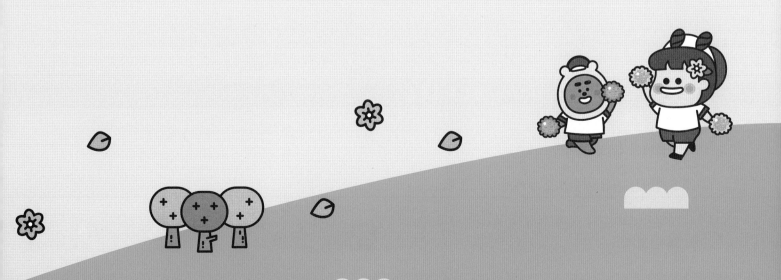

1-3 밑줄 친 낱말의 뜻풀이를 보기 에서 찾아 기호를 쓰세요.

> 보기
> ㉠ 크게 느끼어 마음이 움직임.
> ㉡ 억지로 또는 강제로 요구함.
> ㉢ 잘난 체하며 남을 낮추어 보거나 하찮게 여기는 데가 있음.

1 깊은 감동을 받은 나는 눈물을 흘렸다.

2 나는 친구의 강요로 노래 경연 대회에 나갔다.

3 토끼는 자기가 거북이보다 훨씬 빠르다며 거만을 떨었다.

4-6 빈칸에 들어갈 알맞은 낱말을 보기 에서 찾아 쓰세요.

> 보기
> 감쪽같았다   갸우뚱했다
> 고꾸라졌다   괴로웠다

4 감기에 걸리니 코가 막혀 (   ).

5 운동장을 달리다 돌부리에 걸려 (   ).

6 그는 뭔가 이상하다는 듯 고개를 (   ).

7-9 다음 문장에서 알맞지 않게 쓰인 낱말에 밑줄을 긋고 알맞은 낱말로 고쳐 쓰세요.

7 우물에서 물 한 동이만 기워 오렴.

8 유정이는 힘찬 거름으로 나에게 다가왔다.

9 서영아, 이 수학 문제 어떻게 푸는지 나도 가리켜 줄래?

10-12 다음 초성과 뜻풀이를 참고하여 빈칸에 들어갈 낱말을 쓰세요.

10 ㄱ ㄷ : 엄청나게 큼.

→ 하늘에서 (   )한 우박이 떨어졌다.

11 ㄱ ㄷ ㄱ : 국물 있는 음식에서 국물 이외의 나물이나 고기 등의 먹을거리.

→ 나는 국에서 (   )만 건져 먹었다.

12 ㄱ ㅅ : 사치하지 않고 꾸밈없이 수수함.

→ 낡은 신발이 그의 (   )한 성격을 보여 준다.

13-14 밑줄 친 낱말과 바꾸어 쓸 수 있는 낱말을 보기 에서 찾아 쓰세요.

> 보기
> 고단해   갸우뚱해   엎어져

13 빙판길에서 고꾸라져 무릎이 까졌다.

14 몸이 너무 괴로워 일찍 잠자리에 들었다.

15 보기 의 빈칸에 들어갈 낱말이 순서대로 짝 지어진 것은 무엇인가요?

> 보기
> 오늘은 우리 반이 학교 화단을 가꾸는 날이다. 흙에 (   )을/를 주고 잡초를 뽑느라 시간 가는 줄 몰랐는데, 준호가 집에 갈 시간이라며 나를 불렀다. 몇 시냐고 물었더니 준호가 시계를 (   ) 세 시라고 했다.

① 거름 – 가르치며   ② 거름 – 가리키며
③ 걸음 – 가르치며   ④ 걸음 – 가리키며

 걸린 시간   분 맞은 개수   개

1-3 다음 뜻풀이에 알맞은 낱말을 **보기**에서 찾아 쓰세요.

> **보기** 곡선 공격 공동 공예

1 남을 비난하거나 반대하여 나섬. (　　)

2 물건을 만드는 기술에 관한 재주. (　　)

3 모나지 아니하고 부드럽게 굽은 선. (　　)

4-6 빈칸에 공통으로 들어갈 낱말을 **보기**에서 찾아 쓰세요.

> **보기** 구기다 깔끔하다 끝맺다 끼어들다

4 교실이 (　　).
옷차림새가 (　　). → ─────

5 종이를 (　　).
신발 뒤축을 (　　). → ─────

6 말하는 데 (　　).
줄 사이에 (　　). → ─────

7-8 다음 초성과 뜻풀이를 참고하여 빈칸에 들어갈 낱말을 쓰세요.

7 ㄱㅎ : 어떤 장소를 직접 방문하여 그곳에서 지식을 배움.
→ 도자기 박물관에 (　　)을/를 갔다.

8 ㄲㄲ하다: 빈틈이 없이 차분하고 조심스럽다.
→ 재훈이는 (　　)하고 조용한 성격이다.

9-12 다음 뜻풀이에 알맞은 한자 성어를 **보기**에서 찾아 기호를 쓰세요.

> **보기** ㉠ 망운지정　　㉡ 반포지효
> ㉢ 정저지와　　㉣ 풍수지탄

9 자식이 먼 곳에서 고향에 계신 어버이를 생각하는 마음. (　　)

10 자식이 자란 후에 어버이의 은혜를 갚는 효성을 이르는 말. (　　)

11 효도를 다하지 못한 채 어버이를 여읜 자식의 슬픔을 이르는 말. (　　)

12 우물 안의 개구리라는 뜻으로, 보고 들은 것이 좁고 세상 형편에 어두운 사람을 이르는 말.
(　　)

13-15 다음 상황을 표현하기에 알맞은 한자 성어를 찾아 바르게 선으로 이으세요.

13 어머니의 무덤을 바라보며 슬픔을 느꼈다.　　•　　•㉠ 좌정관천

14 나는 날마다 일어나면 어머니, 아버지께 인사부터 드린다.　　•　　•㉡ 풍수지탄

15 성아는 동물원에서 호랑이를 보고 우리나라에만 호랑이가 있는 줄 안다.　　•　　•㉢ 혼정신성

걸린 시간 　　분　　맞은 개수 　　개

1-3 다음 뜻풀이에 알맞은 낱말을 보기에서 찾아 쓰세요.

> 보기   관람   교육   구역   국토

1 나라의 땅.   (   )

2 갈라놓은 지역.   (   )

3 지식과 기술 등을 가르치며 사람으로서의 품격을 길러 줌.   (   )

4-5 밑줄 친 낱말이 다음과 같은 뜻으로 쓰인 문장의 기호를 쓰세요.

4 좋은 상태로 만들려고 보살피고 꾸려 가다.

  ㉠ 어머니는 화초를 여러 개 가꾸십니다.
  ㉡ 우리가 사는 곳을 좋은 동네로 가꿉시다.

5 어려움을 헤쳐 나갈 길을 이르는 말.

  ㉠ 내가 아끼는 옷에 구멍이 뚫렸다.
  ㉡ 범인이 빠져나갈 구멍이 있으면 안 된다.

6-8 다음 밑줄 친 부분과 의미가 통하는 관용어를 보기에서 찾아 기호를 쓰세요.

> 보기 ㉠ 가슴을 펴다
>   ㉡ 가슴이 넓다
>   ㉢ 가슴이 뜨끔하다

6 나는 이해심이 많은 사람이 좋다.

7 비밀을 들킨 줄 알고 깜짝 놀랐다.

8 떨리지만 당당한 태도로 발표를 마쳤다.

9-12 밑줄 친 낱말의 뜻풀이를 보기에서 찾아 기호를 쓰세요.

> 보기 ㉠ 사용하던 것을 버리고 다른 것으로 바꾸다.
>   ㉡ 황금이나 놋쇠와 같은 빛깔을 띤 상태에 있다.
>   ㉢ 물체의 전체 면이나 부분에 대하여 힘이나 무게를 가하다.
>   ㉣ 잘게 부수기 위하여 단단한 물건에 대고 문지르거나 단단한 물건 사이에 넣어 으깨다.

9 고무공을 눌러 공기를 뺐다.   (   )

10 여러 가지 과일을 갈아 넣었다.   (   )

11 누른 들판 가운데 허수아비가 있다.   (   )

12 자전거 뒷바퀴를 새 것으로 갈았다.   (   )

13-15 다음 뜻풀이에 알맞은 속담을 보기에서 찾아 기호를 쓰세요.

> 보기 ㉠ 말 한마디에 천 냥 빚도 갚는다
>   ㉡ 가는 말이 고와야 오는 말이 곱다
>   ㉢ 말은 해야 맛이고 고기는 씹어야 맛이다

13 마땅히 할 말은 해야 한다는 말.   (   )

14 말만 잘하면 어려운 일이나 불가능해 보이는 일도 해결할 수 있다는 말.   (   )

15 자기가 남에게 말이나 행동을 좋게 하여야 남도 자기에게 좋게 한다는 말.   (   )

걸린 시간   분   맞은 개수   개

04회 어휘력 테스트

1-3 밑줄 친 낱말의 뜻풀이를 **보기** 에서 찾아 기호를 쓰세요.

> **보기** ㉠ 행동이 몹시 거칠고 사나움.
> ㉡ 죽 벌여 놓음. 또는 죽 벌여 있음.
> ㉢ 사실이 아닌 일로 이름을 더럽히는 억울한 평판.

1 언니는 책을 좋아하는 순서대로 <u>나열</u>하였다.

2 서희는 거짓말을 했다는 <u>누명</u>을 써서 억울하였다.

3 <u>난폭</u> 운전으로 큰 사고가 났다는 뉴스를 보았다.

4-6 빈칸에 들어갈 알맞은 낱말을 **보기** 에서 찾아 쓰세요.

> **보기**
> 납작해졌다   내려앉았다
> 다듬었다   닳았다

4 우유갑을 밟았더니 (   ).

5 지진이 나서 지붕이 (   ).

6 축구를 많이 해서 운동화가 벌써 (   ).

7-9 다음 문장에서 알맞지 않게 쓰인 낱말에 밑줄을 긋고 알맞은 낱말로 고쳐 쓰세요.

7 바위에 굴 껍질이 다닥다닥 붙어 있다.

8 언젠가 백두산에 태극기를 꼽을 것이다.

9 엄마의 정성스러운 간호 덕분에 독감이 빨리 낳았다.

10-12 다음 초성과 뜻풀이를 참고하여 빈칸에 들어갈 낱말을 쓰세요.

10 ㄷㅌ : 의견이나 이해가 달라 서로 따지며 싸우는 일.
→ 친구들끼리 피구를 하다가 (   )이/가 벌어졌다.

11 ㄴㅂ : 시간이나 재물 등을 헛되이 헤프게 씀.
→ 칫솔질할 때 수돗물을 틀어놓는 것은 물을 (   )하는 것이다.

12 ㄱㄴ : 뜻깊은 일이나 사건을 잊지 않고 마음에 되새김.
→ 줄넘기 시합에서 우리 반이 이긴 (   )(으)로 선생님께서 아이스크림을 사 주셨다.

13-14 밑줄 친 낱말과 바꾸어 쓸 수 있는 낱말을 **보기** 에서 찾아 쓰세요.

> **보기**   단단한   판판한   포악한

13 <u>납작한</u> 코가 아빠 코를 닮았다.

14 관중의 <u>난폭한</u> 행동으로 야구 경기가 중단되었다.

15 **보기** 의 빈칸에 들어갈 낱말이 순서대로 짝 지어진 것은 무엇인가요?

> **보기** 이모네 개가 새끼를 다섯 마리 (   ). 그 중 한 마리를 우리 집에서 키우기로 했고, 이번 주 일요일에 데리고 오기로 했다. 그래서 손가락을 (   ) 일요일이 되기만을 기다리고 있다.

① 나았다 – 꼽으며
② 나았다 – 꽂으며
③ 낳았다 – 꼽으며
④ 낳았다 – 꽂으며

걸린 시간   분   맞은 개수   개

1-3 다음 뜻풀이에 알맞은 낱말을 보기 에서 찾아 쓰세요.

> 보기   단속   당번   덥석   도구

1 왈칵 달려들어 닝큼 물거나 움켜잡는 모양.
　　　　　　　　　　　　　　　(　　　)

2 규칙이나 법령, 명령 등을 지키도록 통제함.
　　　　　　　　　　　　　　　(　　　)

3 어떤 일을 책임지고 돌보는 차례가 됨. 또는 그 차례가 된 사람.
　　　　　　　　　　　　　　　(　　　)

4-6 빈칸에 공통으로 들어갈 낱말을 보기 에서 찾아 쓰세요.

> 보기   더없다   데우다   되풀이하다   뒤덮다

4 찬물을 (　　　).
　 우유를 따뜻하게 (　　　).　→ ─────

5 미세먼지가 하늘을 (　　　).
　 하얀 눈이 놀이터를 (　　　).　→ ─────

6 어제 한 장난을 (　　　).
　 같은 노래를 끝없이 (　　　).　→ ─────

7-8 다음 초성과 뜻풀이를 참고하여 빈칸에 들어갈 낱말을 쓰세요.

7 ㄴㄹ : 일을 감당해 낼 수 있는 힘.
　 → 너의 (　　　)을/를 믿고 도전해라.

8 ㄷㅎ : 마주 대하여 이야기를 주고받음. 또는 그 이야기.
　 → 싸우지 말고 (　　　)(으)로 해결하자.

9-12 다음 뜻풀이에 알맞은 한자 성어를 보기 에서 찾아 기호를 쓰세요.

> 보기   ㉠ 동분서주　　㉡ 장삼이사
> 　　　 ㉢ 초동급부　　㉣ 필부필부

9 평범한 남녀.　　　　　　　　(　　　)

10 땔나무를 하는 아이와 물을 긷는 아낙네라는 뜻으로, 평범한 사람을 이르는 말.　(　　　)

11 동쪽으로 뛰고 서쪽으로 뛴다는 뜻으로, 사방으로 이리저리 몹시 바쁘게 돌아다님을 이르는 말.
　　　　　　　　　　　　　　　(　　　)

12 장씨의 셋째 아들과 이씨의 넷째 아들이라는 뜻으로, 이름이나 신분이 특별하지 아니한 평범한 사람들을 이르는 말.　　　　(　　　)

13-15 다음 상황을 표현하기에 알맞은 한자 성어를 찾아 바르게 선으로 이으세요.

13 그는 평범한 서민으로 살아왔다. •
　　　　　　　　　　　　　 • ㉠ 갑남을녀

14 학예회를 준비하느라 바쁘게 돌아다닌다. •
　　　　　　　　　　　　　 • ㉡ 동분서주

15 불이 나자 건물 밖으로 나가는 방향을 몰라 허둥댄다. •
　　　　　　　　　　　　　 • ㉢ 우왕좌왕

걸린 시간 　　 분　 맞은 개수 　　 개

06회 어휘력 테스트

1-3 다음 뜻풀이에 알맞은 낱말을 보기 에서 찾아 쓰세요.

> 보기   독립   동양   만물   무례

1 세상에 있는 모든 것.   (   )

2 태도나 말에 예의가 없음.   (   )

3 다른 것에 매이거나 의존하지 아니하는 상태로 됨.
    (   )

4-5 밑줄 친 낱말이 다음과 같은 뜻으로 쓰인 문장의 기호를 쓰세요.

4 어두운 부분.
    ㉠ 여름에는 그늘 아래가 시원하다.
    ㉡ 퀵보드가 고장 난 선아의 얼굴에 그늘이 졌다.

5 사물의 한쪽 끝에 길게 내민 부분을 이르는 말.
    ㉠ 가오리연은 긴 꼬리를 흔들며 날아갔다.
    ㉡ 저 강아지는 나만 보면 꼬리를 살랑거린다.

6-8 다음 밑줄 친 부분과 의미가 통하는 관용어를 보기 에서 찾아 기호를 쓰세요.

> 보기   ㉠ 갈 길이 멀다
>   ㉡ 갈림길에 서다
>   ㉢ 길이 바쁘다

6 경기 시작 전까지 빨리 가야 하니 서둘러라.

7 친구의 잘못을 이야기할지 말지 선택해야 한다.

8 학예회 발표를 하려면 해야 할 일이 많으니 열심히 하자.

9-12 밑줄 친 낱말의 뜻풀이를 보기 에서 찾아 기호를 쓰세요.

> 보기   ㉠ 사람이나 동물의 몸통에서 가슴과 배의 반대쪽 부분.
>   ㉡ 불을 켜서 어두운 곳을 밝히거나 신호를 보내는 기구.
>   ㉢ 맷과의 새를 통틀어 이르는 말. 매, 바다매, 쇠황조롱이, 황조롱이 등이 있다.
>   ㉣ 사람이나 짐승을 때리는 막대기, 몽둥이, 회초리, 곤장, 방망이 등을 통틀어 이르는 말.

9 등을 켜자 방 안이 밝아졌다.   (   )

10 훈장님이 매로 종아리를 때리셨다.   (   )

11 엄마께서 등을 긁어 달라고 하셨다.   (   )

12 날개가 부러진 매를 치료하여 자연으로 돌려보냈다.   (   )

13-15 다음 속담에 알맞은 뜻풀이를 보기 에서 찾아 기호를 쓰세요.

> 보기   ㉠ 아무리 어려운 경우에 처하더라도 살아 나갈 방도가 생긴다는 말.
>   ㉡ 몹시 고생만 하는 사람도 언젠가는 좋은 때를 만날 날이 있다는 말.
>   ㉢ 어려운 일이나 고된 일을 겪은 뒤에는 반드시 즐겁고 좋은 일이 생긴다는 말.

13 고생 끝에 낙이 온다   (   )

14 쥐구멍에도 볕 들 날 있다   (   )

15 하늘이 무너져도 솟아날 구멍이 있다 (   )

걸린 시간   분   맞은 개수   개

1-3 밑줄 친 낱말의 뜻풀이를 **보기**에서 찾아 기호를 쓰세요.

> **보기** ㉠ 물건의 표면에 나타난 어룽진 모양.
> ㉡ 어떤 문제를 해결하기 위한 방법이나 계획.
> ㉢ 어떤 사람이나 장소를 찾아가서 만나거나 봄.

1 우리 학교에 야구 선수가 방문하였다.

2 도자기 컵에 토끼 문양을 새겨 넣었다.

3 플라스틱을 재활용할 방안을 생각해보자.

4-6 빈칸에 들어갈 알맞은 낱말을 **보기**에서 찾아 쓰세요.

> **보기** 뒤죽박죽   땔감   떡잎   마찬가지

4 (   )(으)로 쓸 나뭇가지를 찾았다.

5 하진이는 내 친동생이나 (   )이다.

6 서랍에 학용품들을 (   )(으)로 넣었다.

7-9 다음 문장에서 알맞지 않게 쓰인 낱말에 밑줄을 긋고 알맞은 낱말로 고쳐 쓰세요.

7 이 선을 길게 느려 보세요.

8 동화책에 공책이 달려 왔다.

9 양팔의 넓이 정도로 띄어서 줄을 섰다.

10-12 다음 초성과 뜻풀이를 참고하여 빈칸에 들어갈 낱말을 쓰세요.

10 ㅁ ㅅ : 사물의 뜻이나 가치를 가볍게 여기거나 인정하지 않음.
→ 어린이의 의견이라고 (   )하지 말아라.

11 ㅁ ㅈ ㄱ : 이리저리 살피지 아니하고 덮어놓고.
→ 친한 친구의 의견이라고 (   ) 찬성하면 안 된다.

12 ㅁ ㄱ : 맛을 느끼는 감각. 단맛, 짠맛, 신맛, 쓴맛의 네 종류의 기본 감각이 있다.
→ 삼촌은 (   )이/가 둔하여 음식 맛을 잘 모른다.

13-14 밑줄 친 낱말과 바꾸어 쓸 수 있는 낱말을 **보기**에서 찾아 쓰세요.

> **보기** 경시하고   매한가지   무작정   외면하고

13 동생을 따돌리고 친구들과 발야구를 하였다.

14 이번 경기는 우리가 이긴 것이나 마찬가지이다.

15 **보기**의 빈칸에 들어갈 낱말이 순서대로 짝 지어진 것은 무엇인가요?

> **보기** 온 가족이 산에 갔다. 처음에는 함께 올라갔는데, 중간쯤 올라가니 아빠는 걸음이 (   ) 뒤처졌다. 정상에서 다시 만난 아빠는 기운이 (   ) 우리를 따라잡을 수 없었다고 하셨다.

① 느려서 – 달려서   ② 느려서 – 딸려서
③ 늘여서 – 달려서   ④ 늘여서 – 딸려서

걸린 시간   분   맞은 개수   개

1-3 다음 뜻풀이에 알맞은 낱말을 보기 에서 찾아 쓰세요.

> **보기**   벽화   변화   보안경   본래

1 사물이나 사실이 전하여 내려온 그 처음.

(   )

2 건물이나 동굴, 무덤 등의 벽에 그린 그림.

(   )

3 사물의 성질, 모양, 상태 등이 바뀌어 달라짐.

(   )

4-6 빈칸에 공통으로 들어갈 낱말을 보기 에서 찾아 쓰세요.

> **보기**   말소리   맨손   메아리   모시

4 공을 (   )(으)로 받았다.
(   )(으)로 메기를 잡았다. ➡ _____

5 (   )에 귀를 기울였다.
소곤거리는 (   )에 깼다. ➡ _____

6 산에 (   )이/가 울렸다.
노래가 (   )처럼 울렸다. ➡ _____

7-8 다음 초성과 뜻풀이를 참고하여 빈칸에 들어갈 낱말을 쓰세요.

7 ㅂㅎ : 남의 일을 간섭하고 막아 해를 끼침.

➡ 동생이 (   )해서 보드게임에서 졌다.

8 ㅁㅅ : 아름답고 보기 좋은 모양새.

➡ 단정하고 (   ) 있는 옷차림이 시상식에
어울린다.

9-12 다음 뜻풀이에 알맞은 한자 성어를 보기 에서 찾아 기호를 쓰세요.

> **보기**   ㉠ 박장대소   ㉡ 사고무친
> ㉢ 파안대소   ㉣ 혈혈단신

9 손뼉을 치며 크게 웃음.   (   )

10 의지할 곳이 없는 외로운 홀몸.   (   )

11 의지할 만한 사람이 아무도 없음.   (   )

12 매우 즐거운 표정으로 활짝 웃음.   (   )

13-15 다음 상황을 표현하기에 알맞은 한자 성어를 찾아 바르게 선으로 이으세요.

13 아버지는 혼자서 외국으 •
로 사업을 하러 가셨다.

      • ㉠ 고립무원

14 남을 속이는 사람은 외톨 •
이가 되어 도움을 받을
데가 없다.

      • ㉡ 포복절도

15 동생의 그림일기가 너무 •
재미있어서 배를 그러안
고 웃었다.

      • ㉢ 혈혈단신

걸린 시간   분   맞은 개수   개

1-3 다음 뜻풀이에 알맞은 낱말을 **보기**에서 찾아 쓰세요.

> **보기**　불평　비용　사방　사양

1 어떤 일을 하는 데 드는 돈.　　（　　　）

2 겸손하여 받지 아니하거나 응하지 아니함. 또는 남에게 양보함.　　（　　　）

3 마음에 들지 아니하여 못마땅하게 여김. 또는 그것을 말이나 행동으로 드러냄.　　（　　　）

4-5 밑줄 친 낱말이 다음과 같은 뜻으로 쓰인 문장의 기호를 쓰세요.

4 긴 물건에서 가느다란 쪽의 맨 마지막 부분.

　ㄱ 연필 끝을 뾰족하게 깎았다.

　ㄴ 오랜 가뭄 끝에 소나기가 내렸다.

5 소문이나 돌림병 등이 퍼지다.

　ㄱ 지구는 태양 주위를 돈다.

　ㄴ 내가 다음 달에 전학 간다는 헛소문이 돌았다.

6-8 다음 밑줄 친 부분과 의미가 통하는 관용어를 **보기**에서 찾아 기호를 쓰세요.

> **보기**　ㄱ 귀를 의심하다
> 　　ㄴ 귀에 딱지가 앉다
> 　　ㄷ 귀청이 떨어지다

6 이모의 웃음소리가 너무 커서 깜짝 놀랐다.

7 게임을 그만하라는 잔소리를 너무 많이 들었다.

8 친한 친구가 이사 간다는 말을 듣고 잘못 들은 것이 아닌가 생각했다.

9-12 밑줄 친 낱말의 뜻풀이를 **보기**에서 찾아 기호를 쓰세요.

> **보기**　ㄱ 풀이나 물, 화장품 등을 표면에 고루 묻히다.
> 　　ㄴ 겉으로 보기에 비뚤어지거나 굽은 데가 없다.
> 　　ㄷ 사람이나 짐승, 사물 등이 모여서 뭉친 한 동아리.
> 　　ㄹ 도리나 이치에 맞지 않거나 정도에서 지나치게 벗어남.

9 상처 난 무릎에 약을 발랐다.　　（　　　）

10 얼룩말은 무리를 지어 생활한다.　　（　　　）

11 바르게 난 길을 쭉 따라가면 우체국이 나옵니다.
　　　　　　　　　　　　　　　　（　　　）

12 내가 하루에 줄넘기를 백 번 이상 하는 것은 무리이다.　　（　　　）

13-15 다음 속담에 알맞은 뜻풀이를 **보기**에서 찾아 기호를 쓰세요.

> **보기**　ㄱ 작은 힘이라도 꾸준히 계속하면 큰일을 이룰 수 있음을 이르는 말.
> 　　ㄴ 아무리 작은 것이라도 모이고 모이면 나중에 큰 덩어리가 됨을 이르는 말.
> 　　ㄷ 아무리 뜻이 굳은 사람이라도 여러 번 권하거나 꾀고 달래면 결국은 마음이 변한다는 말.

13 티끌 모아 태산　　（　　　）

14 낙숫물이 댓돌을 뚫는다　　（　　　）

15 열 번 찍어 아니 넘어가는 나무 없다　（　　　）

 걸린 시간　　　분　맞은 개수　　　개

10회 어휘력 테스트

1-3 밑줄 친 낱말의 뜻풀이를 **보기**에서 찾아 기호를 쓰세요.

> **보기**
> ㉠ 일정한 시설을 갖추고 물건을 파는 곳.
> ㉡ 글자로 기록한 문서를 통틀어 이르는 말.
> ㉢ 색깔을 내는 데에 있어서 바탕이 되는 물질.

1 신기한 물건이 가득한 상점에서 마술봉을 샀다.

2 현장 체험 학습 신청 서류를 내일까지 가져오세요.

3 입안이 보라색으로 변한 것을 보니 사탕에 색소가 많이 들어 있는 것이 틀림없다.

4-6 빈칸에 들어갈 알맞은 낱말을 **보기**에서 찾아 쓰세요.

> **보기** 몰아내니 몹시 물끄러미 물컹해지니

4 놀이터에서 뛰어노는 친구들을 (   ) 바라보았다.

5 더운 날씨에는 바나나가 빨리 (   ) 보관을 잘해야 한다.

6 도서관에서 떠드는 아이들을 (   ) 집중해서 책을 읽을 수 있었다.

7-9 다음 문장에서 알맞지 않게 쓰인 낱말에 밑줄을 긋고 알맞은 낱말로 고쳐 쓰세요.

7 연두색 빛을 띠는 새싹이 돋았다.

8 한겨울에는 이불을 덥고 자는 것이 좋다.

9 모래 여행을 가기로 부모님과 약속하였다.

10-12 다음 초성과 뜻풀이를 참고하여 빈칸에 들어갈 낱말을 쓰세요.

10 ㅁ ㄷ : 나무줄기에서 뿌리에 가까운 부분.
→ 밤나무 (   )을/를 발로 차자 밤이 떨어졌다.

11 ㅅ ㅊ : 필요 이상의 돈이나 물건을 쓰거나 분수에 지나친 생활을 함.
→ 초등학생이 명품 가방을 들고 다니는 것은 (   )이다.

12 ㅅ ㅅ : 사람의 무덤을 높여 이르는 말.
→ 할머니의 (   )에 가서 풀을 뽑았다.

13-14 밑줄 친 낱말과 바꾸어 쓸 수 있는 낱말을 **보기**에서 찾아 쓰세요.

> **보기** 분수 행동 활력

13 외국인이 길을 묻자, 그는 몸짓으로 알려주었다.

14 생일 선물이 집에 도착했다는 말에 시우 얼굴에 생기가 넘쳤다.

15 **보기**의 빈칸에 들어갈 낱말이 순서대로 짝 지어진 것은 무엇인가요?

> **보기** 바다에서 파도타기를 하는데 가족들이 보이지 않았다. 사방을 둘러보니 무지개 색 수영복을 입은 동생이 눈에 (   ). 동생은 페트병으로 (   )를 파고 있었다.

① 띠었다 – 모래
② 띠었다 – 모레
③ 띄었다 – 모래
④ 띄었다 – 모레

걸린 시간 (   ) 분 맞은 개수 (   ) 개

1-3 다음 뜻풀이에 알맞은 낱말을 **보기**에서 찾아 쓰세요.

보기   선정   성묘   소품   수거

1 거두어 감.   (   )

2 여럿 가운데서 어떤 것을 뽑아 정함. (   )

3 연극 무대나 영화 촬영장에서 사용하는 작은 물품.
    (   )

4-6 빈칸에 공통으로 들어갈 낱말을 **보기**에서 찾아 쓰세요.

보기 바로잡아   보금자리   부슬부슬   북적여

4 학생들로 (   ) 복잡하다.
    사람들로 (   ) 시끄럽다. → ―――――

5 소문을 (   ) 주세요.
    자세를 (   ) 곧게 앉아라. → ―――――

6 새 (   )을/를 마련했다.
    까치가 (   )을/를 만든다. → ―――――

7-8 다음 초성과 뜻풀이를 참고하여 빈칸에 들어갈 낱말을 쓰세요.

7 ㅅㄹ : 고장 나거나 허름한 데를 손보아 고침.
    → 물이 들어간 휴대 전화를 (   )했다.

8 ㅂㄹ : 어떤 일을 한 뒤에 얻어지는 좋은 결과나 만족감.
    → 봉사 활동이 힘들지만 (   )이/가 있다.

9-12 다음 뜻풀이에 알맞은 한자 성어를 **보기**에서 찾아 기호를 쓰세요.

보기   ㉠ 공평무사   ㉡ 기호지세
    ㉢ 파죽지세   ㉣ 호연지기

9 공평하여 사사로움이 없음.   (   )

10 하늘과 땅 사이에 가득 찬 넓고 큰 원기.
    (   )

11 이미 시작한 일을 중도에서 그만둘 수 없는 경우를 이르는 말.   (   )

12 대를 쪼개는 기세라는 뜻으로, 적을 거침없이 물리치고 쳐들어가는 기세를 이르는 말. (   )

13-15 다음 상황을 표현하기에 알맞은 한자 성어를 찾아 바르게 선으로 이으세요.

13 평생 욕심 없이 깨끗하게 사신 선생님을 본받고 싶다.   •   • ㉠ 공명정대

14 우리 반이 연달아 세 반을 이겨 피구 대회에서 우승하였다.   •   • ㉡ 청렴결백

15 회장 선거에서 떨어졌지만 정당하고 떳떳하게 임했기에 후회는 없다.   •   • ㉢ 파죽지세

 걸린 시간   분   맞은 개수   개

12회 어휘력 테스트

1-3 다음 뜻풀이에 알맞은 낱말을 보기 에서 찾아 쓰세요.

보기 수조 습지 시범 식량

1 모범을 보임. ( )

2 물을 담아 두는 큰 통. ( )

3 생존을 위하여 필요한 사람의 먹을거리. ( )

4-5 밑줄 친 낱말이 다음과 같은 뜻으로 쓰인 문장의 기호를 쓰세요.

4 말, 글, 노래 등의 한 도막.
㉠ 사과 한두 마디에 화가 풀렸다.
㉡ 엄마는 손가락 마디가 아프다고 하셨다.

5 머리에 난 털.
㉠ 두 갈래로 땋은 머리가 잘 어울린다.
㉡ 그는 운동도 잘하고 머리까지 뛰어나다.

6-8 다음 밑줄 친 부분과 의미가 통하는 관용어를 보기 에서 찾아 기호를 쓰세요.

보기 ㉠ 낯을 못 들다
㉡ 낯이 두껍다
㉢ 낯이 있다

6 매일 연필을 빌려 달라니 염치가 없다.

7 얼굴은 알 것 같은데 이름이 기억나지 않는다.

8 그는 거짓말이 밝혀지자 창피해서 얼굴을 들지 못했다.

9-12 밑줄 친 낱말의 뜻풀이를 보기 에서 찾아 기호를 쓰세요.

보기 ㉠ 사람이나 동물의 다리 맨 끝부분.
㉡ 입 안에 넣고 녹이거나 혀로 핥다.
㉢ 옷 등의 물건을 물에 넣고 주물러서 때를 없애다.
㉣ 가늘고 긴 대를 줄로 엮거나, 줄 등을 여러 개 나란히 늘어뜨려 만든 물건.

9 얼룩진 옷은 바로 빨아야 한다. ( )

10 문에 늘어뜨린 발이 바람에 흔들린다. ( )

11 동생은 사탕을 빨아 먹는 것을 좋아한다. ( )

12 작년에는 컸던 신발이 올해는 발에 꼭 맞는다. ( )

13-15 다음 속담에 알맞은 뜻풀이를 보기 에서 찾아 기호를 쓰세요.

보기 ㉠ 실속 없는 사람이 겉으로 더 떠들어 댄다는 말.
㉡ 넓은 세상의 형편을 알지 못하는 사람을 이르는 말.
㉢ 기역자 모양으로 생긴 낫을 놓고도 기역자를 모른다는 뜻으로, 사람이 글자를 모르거나 아주 무식함을 이르는 말.

13 우물 안 개구리 ( )

14 빈 수레가 요란하다 ( )

15 낫 놓고 기역자도 모른다 ( )

걸린 시간 ⬭ 분 맞은 개수 ⬭ 개

1-3 밑줄 친 낱말의 뜻풀이를 **보기** 에서 찾아 기호를 쓰세요.

> **보기**
> ㉠ 과학에서, 이론이나 현상을 관찰하고 측정함.
> ㉡ 어떤 내용을 소개하여 알려 줌. 또는 그런 일.
> ㉢ 어떤 일이나 물건을 단체나 기관에 신고하여 달라고 요구함.

1 기차가 곧 출발한다는 <u>안내</u> 방송을 들었다.

2 5월을 맞아 열리는 가족 걷기 대회에 <u>신청</u>하세요.

3 산소 만들기 <u>실험</u>을 하면서 과학 수업에 재미를 느꼈다.

4-6 빈칸에 들어갈 알맞은 낱말을 **보기** 에서 찾아 쓰세요.

> **보기**
> 삐죽이기   사투리   설빔   손질

4 정원의 흙을 (   )하고 꽃씨를 심었다.

5 새해 첫날에 (   )을/를 입고 세배를 드렸다.

6 그는 표준어와 (   )을/를 섞어 말해서 재미있다.

7-9 다음 문장에서 알맞지 <u>않게</u> 쓰인 낱말에 밑줄을 긋고 알맞은 낱말로 고쳐 쓰세요.

7 옷을 반드시 개어 서랍에 넣었다.

8 톱으로 나무는 배는 체험을 하였다.

9 엄마는 묶은 김치로 김치찜을 만드셨다.

10-12 다음 초성과 뜻풀이를 참고하여 빈칸에 들어갈 낱말을 쓰세요.

10 ㅅㅎ : 임금을 섬기어 벼슬하는 사람.
→ (   )은/는 임금에게 충성을 다해야 한다.

11 ㅅㅃㅎㄷ : 소리가 나지 아니할 정도로 걸음걸이가 가볍다.
→ 살랑살랑 봄바람에 발걸음이 (   ).

12 ㅇㅂ : 어떤 사람이 편안하게 잘 지내는지 그렇지 아니한지에 대한 소식.
→ 전학 간 친구의 (   )이/가 궁금하다.

13-14 밑줄 친 낱말과 바꾸어 쓸 수 있는 낱말을 **보기** 에서 찾아 쓰세요.

> **보기**
> 골난   또랑또랑한   속살거리는

13 비밀 이야기라도 하듯 <u>소곤거리는</u> 소리가 문틈으로 들려왔다.

14 지저분한 방을 보고 <u>성난</u> 엄마의 목소리가 쩌렁쩌렁 울렸다.

15 **보기** 의 빈칸에 들어갈 낱말이 순서대로 짝 지어진 것은 무엇인가요?

> **보기**
> 숲놀이터에서 밧줄을 나무에 (   ) 만든 밧줄 그네를 탔다. 밧줄 그네를 탈 때에는 (   ) 양손으로 밧줄을 꼭 잡아야 한다. 그렇지 않으면 몸이 뒤로 넘어가서 머리를 다칠 수 있다.

① 묶어서 - 반드시   ② 묶어서 - 반듯이
③ 묶어서 - 반드시   ④ 묶어서 - 반듯이

 걸린 시간 (   ) 분   맞은 개수 (   ) 개

[1-3] 다음 뜻풀이에 알맞은 낱말을 **보기** 에서 찾아 쓰세요.

보기
　　억울　　연일　　열기　　완성

1 완전히 다 이룸. 　　　　(　　)

2 여러 날을 계속함. 　　　　(　　)

3 아무 잘못 없이 꾸중을 듣거나 벌을 받거나 하여 분하고 답답함. 　　　　(　　)

[4-6] 빈칸에 공통으로 들어갈 낱말을 **보기** 에서 찾아 쓰세요.

보기
　　손짓　　솜씨　　시루　　신바람

4 그림 (　　)이/가 좋다.
춤 (　　)이/가 뛰어나다. ➝ ─────

5 이리 오라고 (　　)했다.
(　　)(으)로 집을 가리켰다. ➝ ─────

6 (　　) 나게 춤을 춘다.
하루 종일 (　　)이/가 났다. ➝ ─────

[7-8] 다음 초성과 뜻풀이를 참고하여 빈칸에 들어갈 낱말을 쓰세요.

7 ㅅㄹ : 떡이나 쌀 등을 찌는 데 쓰는 둥근 질 그릇.
➝ (　　)에 찐 떡이 맛있다.

8 ㅇㅈ : 어떤 사업이나 연구 등에서 세운 공적.
➝ 뉴턴은 과학자로서 위대한 (　　)을/를 남겼다.

[9-12] 다음 뜻풀이에 알맞은 한자 성어를 **보기** 에서 찾아 기호를 쓰세요.

보기
　㉠ 관포지교　　　㉡ 마이동풍
　㉢ 막역지우　　　㉣ 수어지교

9 남의 말을 귀담아듣지 아니하고 지나쳐 흘려버림을 이르는 말. 　　　　(　　)

10 관중과 포숙의 사귐이란 뜻으로, 우정이 아주 돈독한 친구 관계를 이르는 말. 　　　　(　　)

11 서로 거스름이 없는 친구라는 뜻으로, 허물이 없이 아주 친한 친구를 이르는 말. 　　　　(　　)

12 물과 물고기의 관계라는 뜻으로, 서로 떨어질 수 없는 매우 친한 사이를 이르는 말. 　　　　(　　)

[13-15] 다음 상황을 표현하기에 알맞은 한자 성어를 찾아 바르게 선으로 이으세요.

13 수업 시간에 조용히 하라고 아무리 일러 주어도 계속 떠들었다. 　　　•
　　　　　　　　　　　　• ㉠ 마이동풍

14 유미는 어릴 때부터 같이 놀며 자란 친구라서 마음이 잘 통한다. 　　　•
　　　　　　　　　　　　• ㉡ 우이독경

15 우산을 가져가라는 엄마 말씀을 흘려들어서 집에 올 때 비를 맞았다. 　　　•
　　　　　　　　　　　　• ㉢ 죽마고우

걸린 시간 　　 분　맞은 개수 　　 개

1-3 다음 뜻풀이에 알맞은 낱말을 **보기** 에서 찾아 쓰세요.

보기   요구   용액   원시인   위기

1 위험한 고비나 시기.   (   )

2 지금 살고 있는 인류 이전의 고대 인류.
(   )

3 어떠한 것을 필요하다고 바라거나 요청함.
(   )

4-5 밑줄 친 낱말이 다음과 같은 뜻으로 쓰인 문장의 기호를 쓰세요.

4 관계나 교류를 가로막는 것을 이르는 말.
㉠ 지금까지 해 온 실험이 벽에 부딪혔다.
㉡ 윤지와 싸운 이후로 마음의 벽이 생겼다.

5 음식 등을 입을 통하여 배 속에 들여보내다.
㉠ 키는 크지 않고 나이만 먹었다.
㉡ 나는 빵에 잼을 발라 먹는 것을 좋아한다.

6-8 다음 밑줄 친 부분과 의미가 통하는 관용어를 **보기** 에서 찾아 기호를 쓰세요.

보기 ㉠ 마음에 없다
㉡ 마음을 주다
㉢ 마음이 통하다

6 나는 사과하고 싶지 않은데 미안하다고 말했다.

7 처음 보는 사람에게 마음을 내보이는 것은 쉬운 일이 아니다.

8 우리는 미리 말하지 않았는데 생각이 같았는지 줄넘기를 가지고 나왔다.

9-12 밑줄 친 낱말의 뜻풀이를 **보기** 에서 찾아 기호를 쓰세요.

보기 ㉠ 힘이나 기운이 많다.
㉡ 피로를 풀려고 몸을 편안히 두다.
㉢ 사물의 낱낱의 수를 헤아리거나 꼽다.
㉣ 음식 등이 상하여 맛이 시큼하게 변하다.

9 동생은 힘이 세서 나를 업는다.   (   )

10 귤을 세 개씩 세서 나누어 주었다.   (   )

11 냉장고는 음식이 쉬는 것을 늦춘다.   (   )

12 며칠만이라도 아무 걱정 없이 쉬고 싶다.
(   )

13-15 다음 속담에 알맞은 뜻풀이를 **보기** 에서 찾아 기호를 쓰세요.

보기 ㉠ 뜻하지 아니한 상황에서 뜻밖에 입는 재난을 이르는 말.
㉡ 불행한 일을 당하고 있는 중에 또 좋지 못한 일이 겹쳐 일어난 경우를 이르는 말.
㉢ 운수가 나쁜 사람은 보통 사람에게는 생기지도 않는 나쁜 일까지 생김을 이르는 말.

13 흉년에 윤달   (   )

14 마른하늘에 날벼락   (   )

15 안되는 사람은 뒤로 넘어져도 코가 깨진다
(   )

걸린 시간   분   맞은 개수   개

1-3 밑줄 친 낱말의 뜻풀이를 **보기** 에서 찾아 기호를 쓰세요.

> **보기** ㉠ 쓸모가 있음.
> ㉡ 어떤 일에 대하여 서로 의견을 주고받음.
> ㉢ 앞선 세대의 인류가 다음 세대의 사람들에게 남긴 물건.

1 컴퓨터는 우리 생활에 <u>유용</u>한 기계이다.

2 학예회 때 우리 반이 부를 노래를 <u>의논</u>했다.

3 이곳에서 고려 시대의 <u>유물</u>이 많이 발견되었다.

4-6 빈칸에 들어갈 알맞은 낱말을 **보기** 에서 찾아 쓰세요.

> **보기** 쑥덕거리고   쓰다듬고
> 알아보고   앓아눕고

4 멀리서도 언니를 (   ) 손을 흔들었다.

5 엄마는 학교에 가기 전에 머리를 (   ) 안아 주셨다.

6 나만 빼고 친구들끼리만 (   ) 있어서 기분이 상했다.

7-9 다음 문장에서 알맞지 <u>않</u>게 쓰인 낱말에 밑줄을 긋고 알맞은 낱말로 고쳐 쓰세요.

7 예전부터 얼굴은 아름이 있었다.

8 숱 많고 새까맣던 머리가 어느새 하얗게 되었다.

9 아나운서는 전문가의 말을 빌어 전염병의 위험성을 보도했다.

10-12 다음 초성과 뜻풀이를 참고하여 빈칸에 들어갈 낱말을 쓰세요.

10 ㅆ ㅇ ㅅ : 쓰이는 용도나 정도.

→ 이 고무줄은 (   )이/가 다양하다.

11 ㅇ ㅁ : 이름이 널리 알려져 있음.

→ 축제에 (   )한 연예인이 많이 왔다.

12 ㅇ ㅇ : 자신에게 은혜를 베푼 사람.

→ 무너진 건물에서 나를 구해 준 (   )에게 고마움을 전하고 싶다.

13-14 밑줄 친 낱말과 바꾸어 쓸 수 있는 낱말을 **보기** 에서 찾아 쓰세요.

> **보기** 가련했다   몸져누웠다   부끄러웠다

13 몸이 아픈데도 밤늦게까지 공부하는 언니가 안<u>쓰러웠다</u>.

14 아무것도 먹지 않고 하루 종일 수영을 하더니 <u>앓아누웠다</u>.

15 **보기** 의 빈칸에 들어갈 낱말이 순서대로 짝 지어진 것은 무엇인가요?

> **보기** 동생과 술래잡기를 하다가 엄마가 아끼는 꽃병을 깨뜨렸다. 엄마는 속상해서 눈물을 흘리셨다. 그러자 아빠는 장미꽃을 한 (   ) 사서 엄마께 선물하셨다. 그리고 우리는 엄마께 잘못했다고 (   ).

① 아름 – 빌렸다   ② 아름 – 빌었다
③ 알음 – 빌렸다   ④ 알음 – 빌었다

걸린 시간 _____ 분 맞은 개수 _____ 개

1-3 다음 뜻풀이에 알맞은 낱말을 보기 에서 찾아 쓰세요.

보기
> 인심   일생   자손   작전

1 사람의 마음.   (   )

2 어떤 일을 이루기 위하여 필요한 조치나 방법을 강구함.   (   )

3 자신의 세대에서 여러 세대가 지난 뒤의 자녀를 통틀어 이르는 말.   (   )

4-6 빈칸에 공통으로 들어갈 낱말을 보기 에서 찾아 쓰세요.

보기
> 엄청난   엿들은   오목한   우거진

4 (   ) 힘을 가졌다.
(   ) 피해를 입었다.   → _____

5 수풀이 (   ) 골짜기.
잡초가 (   ) 옛 궁전.   → _____

6 작고 (   ) 눈을 가졌다.
(   ) 그릇에 넣고 섞는다. → _____

7-8 다음 초성과 뜻풀이를 참고하여 빈칸에 들어갈 낱말을 쓰세요.

7 ㅇㅈ : 잘 안될 일을 무리하게 기어이 해내려는 고집.
➡ 장난감을 사 달라고 (   )을/를 부렸다.

8 ㅈㅂㅅ : 자신의 가치나 능력을 믿고 당당히 여기는 마음.
➡ 시현이는 회장으로서 (   )이/가 강하다.

9-12 다음 뜻풀이에 알맞은 한자 성어를 보기 에서 찾아 기호를 쓰세요.

보기
> ㉠ 동문서답   ㉡ 언중유골
> ㉢ 일석이조   ㉣ 함구무언

9 입을 다물고 아무 말도 하지 아니함. (   )

10 물음과는 전혀 상관없는 엉뚱한 대답.
(   )

11 말 속에 뼈가 있다는 뜻으로, 예사로운 말 속에 단단한 속뜻이 들어 있음을 이르는 말. (   )

12 돌 한 개를 던져 새 두 마리를 잡는다는 뜻으로, 동시에 두 가지 이득을 봄을 이르는 말.
(   )

13-15 다음 상황을 표현하기에 알맞은 한자 성어를 찾아 바르게 선으로 이으세요.

13 줄넘기를 하면 키도 크고 몸도 건강해진다.   • ㉠ 동문서답

14 청소하라는 말에 나는 "잘 먹었습니다."라고 답했다. • ㉡ 유구무언

15 가방에 우유를 쏟은 것은 내 잘못이기에 변명할 말이 없었다. • ㉢ 일거양득

걸린 시간   분   맞은 개수   개

18회 어휘력 테스트

1-3 다음 뜻풀이에 알맞은 낱말을 **보기**에서 찾아 쓰세요.

> **보기**
> 재산   전설   절반   절약

1 하나를 반으로 가름. 또는 그렇게 가른 반.
(   )

2 오래전부터 전하여 내려오는 말이나 이야기.
(   )

3 함부로 쓰지 아니하고 꼭 필요한 데에만 써서 아낌.
(   )

4-5 밑줄 친 낱말이 다음과 같은 뜻으로 쓰인 문장의 기호를 쓰세요.

4 거죽이나 껍질로 싸인 물체의 안쪽 부분.
㉠ 빵 속에 든 크림만 파먹었다.
㉡ 너무 많이 먹어서 속이 울렁거린다.

5 자리를 잡고 머무르거나 지내다.
㉠ 그는 10년 넘게 산속에서 살았다.
㉡ 자연색이 생생히 살아 있는 사진을 찍었다.

6-8 다음 밑줄 친 부분과 의미가 통하는 관용어를 **보기**에서 찾아 기호를 쓰세요.

> **보기**
> ㉠ 머리를 굴리다
> ㉡ 머리를 긁다
> ㉢ 머리를 맞대다

6 고장 난 로봇 장난감을 머리를 써서 고쳐 보아라.

7 쓰레기를 줄이는 방안을 찾기 위해 서로 마주 앉아서 의논했다.

8 자기가 맞다고 한 퀴즈의 답이 틀리자 오빠는 무안해서 머리를 긁적였다.

9-12 밑줄 친 낱말의 뜻풀이를 **보기**에서 찾아 기호를 쓰세요.

> **보기**
> ㉠ 물건을 담는 그릇.
> ㉡ 연필 등으로 획을 그어 모양을 이루다.
> ㉢ 혀로 느끼는 맛이 한약이나 소태, 씀바귀의 맛과 같다.
> ㉣ 씩씩하고 굳센 기운. 또는 사물을 겁내지 아니하는 기개.

9 이 용기는 깨지기 쉬워서 조심해야 한다.
(   )

10 약이 쓰지만 감기가 빨리 나으라고 먹었다.
(   )

11 틀린 글자를 바르게 고쳐 쓰는 것이 숙제이다.
(   )

12 태수는 용기를 내어 은혜에게 좋아한다고 고백했다.
(   )

13-15 다음 뜻풀이를 보고 속담의 빈칸에 들어갈 알맞은 낱말을 쓰세요.

13 아주 하기 쉬운 일을 이르는 말.
(   ) 짚고 헤엄치기

14 하기가 매우 쉬운 것을 이르는 말.
누워서 (   ) 먹기

15 거리낌 없이 아주 쉽게 예사로 하는 모양.
식은 (   ) 먹기

걸린 시간   분   맞은 개수   개

1-3 밑줄 친 낱말의 뜻풀이를 보기 에서 찾아 기호를 쓰세요.

> **보기**
> ㉠ 일정한 지역에 살고 있는 사람.
> ㉡ 병을 앓을 때 나타나는 여러 가지 상태나 모양.
> ㉢ 균형이 맞게 바로잡음. 또는 적당하게 맞추어 나감.

1 이 의자는 높이 조절이 가능하다.

2 감기 증세가 점점 심해지니 병원에 가자.

3 산불이 나자 주민들을 근처 학교로 대피하였다.

4-6 빈칸에 들어갈 알맞은 낱말을 보기 에서 찾아 쓰세요.

> **보기** 우겼다 우짖었다 우쭐했다 웅크렸다

4 한겨울에 반바지를 입겠다고 (   ).

5 비바람이 세차게 불자 온몸을 (   ).

6 동생은 딱지를 가장 많이 따자 (   ).

7-9 다음 문장에서 알맞지 <u>않게</u> 쓰인 낱말에 밑줄을 긋고 알맞은 낱말로 고쳐 쓰세요.

7 엄마는 아기를 앉고 밥을 먹는다.

8 달걀흰자를 젓으니 거품이 일었다.

9 씻은 컵이 잘 마르도록 업어 놓아라.

10-12 다음 초성과 뜻풀이를 참고하여 빈칸에 들어갈 낱말을 쓰세요.

10 ㅇㅈㄷ : 새가 울며 지저귀다.
→ 비둘기들이 길가에서 시끄럽게 (   ).

11 ㅈㄱ : 어떤 사실을 증명할 수 있는 근거.
→ 지금 입은 교복이 내가 이 학교 학생이라는 (   )이다.

12 ㅈㅅ : 일러서 시킴. 또는 그 내용.
→ 당장 과학실로 오라는 선생님의 (   )에 당황했다.

13-14 밑줄 친 낱말과 바꾸어 쓸 수 있는 낱말을 보기 에서 찾아 쓰세요.

> **보기** 요맘때 원체 포대

13 감자를 <u>자루</u>에 담아 창고로 옮겼다.

14 나는 <u>워낙</u> 몸이 약해서 달리지 못한다.

15 보기 의 빈칸에 들어갈 낱말이 순서대로 짝 지어진 것은 무엇인가요?

> **보기**
> 우리 가족은 공원으로 나들이를 갔다. 신나게 자전거를 타는데 목이 말라 한 손으로 물을 마시다가 물병을 떨어뜨려서 옷이 다 (   ). 엄마께서 돗자리에 (   ) 마시라고 했는데, 그 말씀을 듣지 않은 것이 후회스럽다.

① 저었다 – 안아서　　② 저었다 – 앉아서
③ 젖었다 – 안아서　　④ 젖었다 – 앉아서

 걸린 시간 　　 분　맞은 개수 　　 개

20회 어휘력 테스트

1-3 다음 뜻풀이에 알맞은 낱말을 **보기**에서 찾아 쓰세요.

보기　　직선　　차이점　　참가　　채집

1 서로 같지 아니하고 다른 점. ( )

2 모임이나 단체 또는 일에 관계하여 들어감.
( )

3 널리 찾아서 얻거나 캐거나 잡아 모으는 일.
( )

4-6 빈칸에 공통으로 들어갈 낱말을 **보기**에서 찾아 쓰세요.

보기　　잔뜩　　잔소리　　저절로　　주섬주섬

4 책이 ( ) 쌓여 있다.
　짐을 ( ) 실은 수레. → ＿＿＿＿

5 얼음이 ( ) 녹았다.
　웃음이 ( ) 나왔다. → ＿＿＿＿

6 ( )을/를 듣다.
　( )이/가 심하다. → ＿＿＿＿

7-8 다음 초성과 뜻풀이를 참고하여 빈칸에 들어갈 낱말을 쓰세요.

7 ㅈㅇ : 향하여 내처 들어감.
→ 우주선이 궤도에 ( )하였다.

8 ㅈㅃㄹㄷ : 동작 등이 재고 빠르다.
→ 몸집은 크지만 몸놀림은 ( ).

9-12 다음 뜻풀이에 알맞은 한자 성어를 **보기**에서 찾아 기호를 쓰세요.

보기　㉠ 권선징악　　㉡ 사필귀정
　　　㉢ 인과응보　　㉣ 점입가경

9 모든 일은 반드시 바른길로 돌아감. ( )

10 갈수록 점점 더 좋거나 재미가 있음. ( )

11 착한 일을 권장하고 악한 일을 징계함.
( )

12 착한 일을 하면 착한 일의 결과가, 나쁜 일을 하면 나쁜 일의 결과가 반드시 뒤따름. ( )

13-15 다음 상황을 표현하기에 알맞은 한자 성어를 찾아 바르게 선으로 이으세요.

13 공원 안으로 들어갈수록
경치가 더욱 아름답다. ・
　　　　　　　　　　　　　・ ㉠ 개과천선

14 지각을 하던 재윤이가 그
습관을 고쳐 요즘 제일
먼저 등교한다. ・
　　　　　　　　　　　　　・ ㉡ 설상가상

15 차가 막혀서 친구의 생일
잔치에 늦었는데, 생일
선물을 깜박하고 집에 두
고 왔다. ・
　　　　　　　　　　　　　・ ㉢ 점입가경

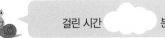
걸린 시간 ◯◯ 분　맞은 개수 ◯◯ 개

1-3 다음 뜻풀이에 알맞은 낱말을 보기 에서 찾아 쓰세요.

보기
초청   축복   출동   탐구

1 사람을 청하여 부름.   (   )

2 행복을 빎. 또는 그 행복.   (   )

3 진리, 학문 등을 파고들어 깊이 연구함.
   (   )

4-5 밑줄 친 낱말이 다음과 같은 뜻으로 쓰인 문장의 기호를 쓰세요.

4 사람이나 물체가 차지하고 있는 공간.

   ㉠ 모두 자리에서 일어나 인사합시다.
   ㉡ 병원이 있던 자리에 공원이 들어섰다.

5 속마음의 상태가 나타난 표정.

   ㉠ 거울 속에 비친 내 얼굴이 낯설었다.
   ㉡ 문제를 보자 생각에 잠긴 얼굴이 되었다.

6-8 다음 밑줄 친 부분과 의미가 통하는 관용어를 보기 에서 찾아 기호를 쓰세요.

보기
㉠ 목에 걸리다
㉡ 목을 축이다
㉢ 목이 빠지게 기다리다

6 마라톤을 하는 중간에 목이 말라 물을 마셨다.

7 형의 불합격 소식을 듣고 밥이 목구멍으로 넘어가지 않았다.

8 놀이동산 가는 날을 몹시 기다렸는데, 비가 와서 가지 못했다.

9-12 밑줄 친 낱말의 뜻풀이를 보기 에서 찾아 기호를 쓰세요.

보기
㉠ 소금과 같은 맛이 있다.
㉡ 누르거나 비틀어서 물기나 기름 등을 빼내다.
㉢ 잠을 자려고 하지 않는데도 자꾸 잠들게 되다.
㉣ 찌개, 국, 한약 등의 물이 증발하여 분량이 적어지다.

9 기영이는 수학 시간마다 존다.   (   )

10 저녁을 짜게 먹었는지 계속 물을 마시게 된다.
   (   )

11 할머니께서는 참기름을 직접 짜서 보내주신다.
   (   )

12 깜빡하고 가스레인지를 안 껐더니 찌개가 다 졸았다.   (   )

13-15 다음 속담에 알맞은 뜻풀이를 보기 에서 찾아 기호를 쓰세요.

보기
㉠ 대상에서 가까이 있는 사람이 도리어 대상에 대하여 잘 알기 어렵다는 말.
㉡ 아무리 사소한 것이라도 그것이 거듭되면 무시하지 못할 정도로 크게 됨을 이르는 말.
㉢ 비판이나 꾸지람이 당장에 듣기에는 좋지 아니하지만 잘 받아들이면 본인에게 이로움을 이르는 말.

13 쓴 약이 더 좋다   (   )

14 등잔 밑이 어둡다   (   )

15 가랑비에 옷 젖는 줄 모른다   (   )

걸린 시간   분   맞은 개수   개

22회 어휘력 테스트

1-3 밑줄 친 낱말의 뜻풀이를 보기 에서 찾아 기호를 쓰세요.

> **보기**
> ㉠ 보통과 구별되게 다름.
> ㉡ 불이 일어나며 갑작스럽게 터짐.
> ㉢ 의견이나 주장 등을 알리기 위하여 간결하게 나타낸 짧은 어구.

1 에너지 절약과 관련된 표어를 만들어보자.

2 달리는 자동차 폭발 사고의 원인을 찾았다.

3 어린이날을 맞아 학교에서 특별 행사가 있었다.

4-6 빈칸에 들어갈 알맞은 낱말을 보기 에서 찾아 쓰세요.

> **보기**
> 지져서   짭조름해서
> 펼쳐서   투덜거려서

4 수학책을 (   ) 문제를 풀기 시작했다.

5 명란젓이 (   ) 밥을 한 공기 더 먹었다.

6 비가 오는 날이면 항상 부침개를 (   ) 먹는다.

7-9 다음 문장에서 알맞지 않게 쓰인 낱말에 밑줄을 긋고 알맞은 낱말로 고쳐 쓰세요.

7 물에 빠진 모자를 짚어 올렸다.

8 우진이는 어느 때와 달리 말이 없다.

9 그는 자신의 꿈을 쫓아 요리를 배우기 시작했다.

10-12 다음 초성과 뜻풀이를 참고하여 빈칸에 들어갈 낱말을 쓰세요.

10 ㅎㅁㅌㅁ : 조금만 잘못하였더라면.
→ 발을 헛디뎌 (   ) 물에 빠질 뻔했다.

11 ㅌㅁ : 물 등이 속까지 환히 비치도록 맑음.
→ 이 집은 천장이 (   ) 유리로 되어 있어 하늘이 보인다.

12 ㅍㅇ : 형편이나 조건 등이 편하고 좋음.
→ 선생님께서는 집이 먼 나의 (   )을/를 봐주어 일찍 보내 주셨다.

13-14 밑줄 친 낱말과 바꾸어 쓸 수 있는 낱말을 보기 에서 찾아 쓰세요.

> **보기**
> 떨어냈다   울렁거렸다   시부렁거렸다

13 물을 마시고 바로 뛰었더니 뱃속이 출렁거렸다.

14 버스에 탄 남자는 길이 막힌다며 계속 투덜거렸다.

15 보기 의 빈칸에 들어갈 낱말이 순서대로 짝 지어진 것은 무엇인가요?

> **보기**
> 운동장에서 친구들과 잡기 놀이를 하는데 술래가 나만 (   ). 술래를 요리조리 피하다가 미끄러져서 넘어졌다. 그런데 술래가 바로 뒤따라와서 얼른 두 손으로 땅을 (   ) 일어나 달아났다.

① 좇았다 – 집고   ② 좇았다 – 짚고
③ 쫓았다 – 집고   ④ 쫓았다 – 짚고

| 걸린 시간 | | 분 | 맞은 개수 | | 개 |

1-3 다음 뜻풀이에 알맞은 낱말을 [보기]에서 찾아 쓰세요.

> **보기**
> 한식   해설   해안   핵심

1 바다와 육지가 맞닿은 부분.   (   )

2 사물의 가장 중심이 되는 부분.   (   )

3 우리나라 고유의 음식이나 식사.   (   )

4-6 빈칸에 공통으로 들어갈 낱말을 [보기]에서 찾아 쓰세요.

> **보기**
> 한결   헤아릴   헷갈릴   휠

4 그 마음을 (   ) 수 없다.
(   ) 수 없이 많은 모래알.   → _____

5 나무가 (   ) 정도의 바람.
등이 (   ) 만큼 무거운 짐.   → _____

6 답이 무엇인지 (   ) 만하다.
가끔 정신이 (   ) 때가 있다.   → _____

7-8 다음 초성과 뜻풀이를 참고하여 빈칸에 들어갈 낱말을 쓰세요.

7 ㅎㄹ : 청하는 일을 하도록 들어줌.
→ 엄마에게 (   )을/를 받고 게임을 했다.

8 ㅎㄹㅂㄸ : 숨을 가쁘고 거칠게 몰아쉬는 모양.
→ 약속 시간에 맞추어 (   ) 달려왔다.

9-12 다음 뜻풀이에 알맞은 한자 성어를 [보기]에서 찾아 기호를 쓰세요.

> **보기**
> ㉠ 견물생심   ㉡ 박학다식
> ㉢ 소탐대실   ㉣ 온고지신

9 학식이 넓고 아는 것이 많음.   (   )

10 작은 것을 탐하다가 큰 것을 잃음.   (   )

11 옛것을 익히고 그것을 미루어서 새것을 앎.
(   )

12 어떠한 물건을 실제로 보게 되면 그것을 가지고 싶은 욕심이 생김.   (   )

13-15 다음 상황을 표현하기에 알맞은 한자 성어를 찾아 바르게 선으로 이으세요.

13 책을 읽느라 엄마가 시킨   •   • ㉠ 견물생심
심부름을 깜박 잊었다.

14 삼촌은 낮에는 회사에 다   •   • ㉡ 독서삼매
니고 밤에는 대학원에서
공부를 한다.

15 배가 부른데도 냉동실 안   •   • ㉢ 주경야독
의 아이스크림을 보자 먹
고 싶어졌다.

걸린 시간   분   맞은 개수   개

24회 어휘력 테스트

1-3 다음 뜻풀이에 알맞은 낱말을 보기 에서 찾아 쓰세요.

> **보기** 혼합물 홍수 화원 효행

1 꽃을 파는 가게.   (   )

2 부모를 잘 섬기는 행실.   (   )

3 여러 가지가 뒤섞여서 이루어진 물건. (   )

4-5 밑줄 친 낱말이 다음과 같은 뜻으로 쓰인 문장의 기호를 쓰세요.

4 뿌리와 잎을 이어 주며 양분을 전달하는 식물의 한 부분.

　　㉠ 연기 한 줄기가 하늘 높이 솟는다.
　　㉡ 담쟁이 줄기가 담을 타고 올라가고 있다.

5 모여 있는 사람의 속.

　　㉠ 어른들 틈에서 밥을 먹었다.
　　㉡ 현관문 틈으로 바람이 들어온다.

6-8 다음 밑줄 친 부분과 의미가 통하는 관용어를 보기 에서 찾아 기호를 쓰세요.

> **보기** ㉠ 어깨가 무겁다
> ㉡ 어깨를 나란히 하다
> ㉢ 어깨를 으쓱거리다

6 우리 반 대표로 이어달리기에 나가게 되어 <u>마음에 부담이 크다.</u>

7 우리 학교에서 내가 춤을 가장 잘 춘다는 칭찬을 들어 <u>자랑스러웠다.</u>

8 우리나라의 가수들은 세계의 유명한 가수들과 <u>견주어도 뒤처지지 않는다.</u>

9-12 밑줄 친 낱말의 뜻풀이를 보기 에서 찾아 기호를 쓰세요.

> **보기** ㉠ 신의 밑바닥 부분.
> ㉡ 바퀴가 굴러서 나아가게 되어 있는, 사람이나 짐을 실어 옮기는 것.
> ㉢ 식물의 잎이나 뿌리, 과실 등을 달이거나 우리거나 하여 만든 마실 것.
> ㉣ 공기나 햇빛을 받을 수 있고, 밖을 내다볼 수 있도록 벽이나 지붕에 낸 작은 문.

9 운동화 <u>창</u>이 낡아서 미끄럽다.   (   )

10 미세 먼지가 없으니 <u>창</u>을 활짝 열자. (   )

11 국화 꽃잎으로 만든 <u>차</u>는 감기 예방에 좋다.
　　　　　　　　　　　　　　　　　　 (   )

12 여기에서 영화관에 가려면 <u>차</u>를 타고 20분은 가야 한다.   (   )

13-15 다음 속담에 알맞은 뜻풀이를 보기 에서 찾아 기호를 쓰세요.

> **보기** ㉠ 사람의 욕심이란 한이 없다는 말.
> ㉡ 자기에게만 이롭도록 하는 경우를 이르는 말.
> ㉢ 남의 것이 제 것보다 더 좋아 보임을 이르는 말.

13 제 논에 물 대기   (   )

14 남의 손의 떡은 커 보인다   (   )

15 말 타면 경마 잡히고 싶다   (   )

걸린 시간 　　　　 분　 맞은 개수 　　　　 개

정답과
해설

확인 학습 정답

01회

교과 어휘 – 한자어 ▶ 본문 9쪽

1 ⓒ	2 ⓐ	3 ⓑ	4 마음
5 자손	6 잘난	7 검소	8 강요
9 비대	10 감격		

교과 어휘 – 고유어 ▶ 본문 11쪽

1 고꾸라지다	2 괴롭다	3 감쪽같다	4 ⓐ
5 ⓒ	6 ⓑ	7 ⓒ	8 ⓑ
9 ⓐ			

심화 어휘 – 헷갈리기 쉬운 낱말 ▶ 본문 13쪽

1 ⓐ	2 ⓑ	3 걸음	4 기워
5 가르쳐	6 거름	7 길어	
8 가르치며 → 가리키며		9 깅고 → 깁고	

02회

교과 어휘 – 한자어 ▶ 본문 15쪽

1 ⓑ	2 ⓒ	3 ⓐ	4 반대
5 굽은	6 공동	7 견학	8 고생
9 ①			

교과 어휘 – 고유어 ▶ 본문 17쪽

1 끝맺다	2 꼼꼼하다	3 기울다	4 ⓑ
5 ⓐ	6 ⓐ	7 ⓒ	8 ⓑ
9 ③			

심화 어휘 – 주제별 한자 성어 ▶ 본문 19쪽

1 ⓐ	2 ⓒ	3 ⓑ	4 고향
5 하늘	6 정저지와	7 망운지정	8 혼정신성
9 ④			

03회

교과 어휘 – 한자어 ▶ 본문 21쪽

1 ⓒ	2 ⓑ	3 ⓐ	4 갈라놓은
5 보며	6 깊이	7 구역	8 과학자
9 영토	10 구경		

교과 어휘 – 다의어·동음이의어 ▶ 본문 23쪽

1 ⓑ	2 ⓐ	3 ⓐ	4 ⓒ
5 ⓑ	6 갈아	7 눌러서	8 ⓑ
9 ⓐ			

심화 어휘 – 주제별 속담·관용어 ▶ 본문 25쪽

1 ⓑ	2 ⓐ	3 ⓒ	4 ⓒ
5 ⓑ	6 고기	7 한마디	
8 뜨끔했다, 넓으신			

04회

교과 어휘 – 한자어 ▶ 본문 27쪽

1 ⓑ	2 ⓒ	3 ⓐ	4 시간
5 마음	6 이름	7 근처	8 낭비
9 ③			

교과 어휘 – 고유어 ▶ 본문 29쪽

1 낡다	2 내려앉다	3 닳다	4 ⓑ
5 ⓐ	6 싸우는	7 표시	8 다듬었다
9 낡았다			

심화 어휘 – 헷갈리기 쉬운 낱말 ▶ 본문 31쪽

1 ⓑ	2 ⓐ	3 껍질	4 나으면
5 꽂으면	6 낫게	7 꼽아	
8 껍질 → 껍데기		9 나은 → 낳은	

05회

교과 어휘 - 한자어 ▶ 본문 33쪽

1 ㉠   2 ㉢   3 ㉡   4 간단
5 방법   6 지키도록   7 도구   8 당장
9 담화   10 역량

교과 어휘 - 고유어 ▶ 본문 35쪽

1 되돌아보다   2 뒤덮다   3 데우다   4 ㉡
5 ㉠   6 ㉢   7 ㉠   8 ㉡
9 ③

심화 어휘 - 주제별 한자 성어 ▶ 본문 37쪽

1 ㉢   2 ㉡   3 ㉠   4 아이
5 서쪽   6 우왕좌왕   7 장삼이사   8 동분서주
9 ②

06회

교과 어휘 - 한자어 ▶ 본문 39쪽

1 ㉢   2 ㉠   3 ㉡   4 모든
5 없음   6 동쪽   7 등장   8 목장
9 결례   10 만유

교과 어휘 - 다의어·동음이의어 ▶ 본문 41쪽

1 ㉠   2 ㉠   3 ㉡   4 ㉠
5 그늘   6 매   7 ㉡   8 ㉠

심화 어휘 - 주제별 속담·관용어 ▶ 본문 43쪽

1 ㉡   2 ㉠   3 ㉢   4 ㉢
5 ㉡   6 구멍   7 낙
8 멀어서, 섰다, 바쁘다며

07회

교과 어휘 - 한자어 ▶ 본문 45쪽

1 ㉠   2 ㉢   3 ㉡   4 물건
5 해결   6 미각   7 무조건   8 방침
9 경시

교과 어휘 - 고유어 ▶ 본문 47쪽

1 땔감   2 마찬가지   3 떡잎   4 ㉢
5 ㉡   6 ㉠   7 ㉡   8 ㉠
9 ㉢

심화 어휘 - 헷갈리기 쉬운 낱말 ▶ 본문 49쪽

1 ㉡   2 ㉠   3 느리지만   4 너비
5 달리지만   6 딸려   7 늘이며   8 너비 → 넓이
9 딸렸다 → 달렸다

08회

교과 어휘 - 한자어 ▶ 본문 51쪽

1 ㉡   2 ㉢   3 ㉠   4 끼침
5 사실   6 바뀌어   7 보건소   8 벽화
9 ②

교과 어휘 - 고유어 ▶ 본문 53쪽

1 맨손   2 모퉁이   3 메아리   4 ㉢
5 ㉡   6 ㉠   7 ㉠   8 ㉢
9 ㉡

심화 어휘 - 주제별 한자 성어 ▶ 본문 55쪽

1 ㉢   2 ㉠   3 ㉡   4 의지
5 배   6 파안대소   7 혈혈단신   8 포복절도
9 ②

확인 학습 정답

09회

교과 어휘 – 한자어　　　　　　　　　▶ 본문 57쪽

1 ㉠	2 ㉡	3 ㉢	4 돈
5 부분	6 주변	7 불평	8 사양
9 경비	10 공기		

교과 어휘 – 다의어·동음이의어　　　▶ 본문 59쪽

1 ㉡	2 ㉠	3 ㉠	4 ㉢
5 ㉡	6 무리	7 돌고	8 ㉡
9 ㉠			

심화 어휘 – 주제별 속담·관용어　　▶ 본문 61쪽

1 ㉢	2 ㉡	3 ㉠	4 ㉡
5 ㉠	6 딱지	7 나무	
8 의심했다, 앉도록, 떨어져라			

10회

교과 어휘 – 한자어　　　　　　　　　▶ 본문 63쪽

1 ㉢	2 ㉡	3 ㉠	4 무덤
5 파는	6 자연	7 상점	8 생기
9 묘	10 풍경화		

교과 어휘 – 고유어　　　　　　　　　▶ 본문 65쪽

1 몸짓	2 물끄러미	3 밑동	4 ㉠
5 ㉢	6 ㉡	7 ㉡	8 ㉢
9 ㉠			

심화 어휘 – 헷갈리기 쉬운 낱말　　▶ 본문 67쪽

1 ㉡	2 ㉠	3 모래	4 덮고
5 띄고	6 모레	7 띤	8 모래 → 모래
9 덮고 → 덥고			

11회

교과 어휘 – 한자어　　　　　　　　　▶ 본문 69쪽

1 ㉡	2 ㉢	3 ㉠	4 뽑아
5 커짐	6 햇빛	7 성장	8 수거
9 ②			

교과 어휘 – 고유어　　　　　　　　　▶ 본문 71쪽

1 보금자리	2 부슬부슬	3 버럭버럭	4 수선스럽게
5 바르게	6 ㉡	7 ㉠	8 ㉠
9 ㉡			

심화 어휘 – 주제별 한자 성어　　　▶ 본문 73쪽

1 ㉢	2 ㉠	3 ㉡	4 그릇됨
5 적	6 파죽지세	7 공평무사	8 청렴결백
9 ③			

12회

교과 어휘 – 한자어　　　　　　　　　▶ 본문 75쪽

1 ㉠	2 ㉢	3 ㉡	4 들어줌
5 축축한	6 눈	7 수조	8 시범
9 소출	10 늪		

교과 어휘 – 다의어·동음이의어　　　▶ 본문 77쪽

1 ㉠	2 ㉡	3 ㉢	4 ㉠
5 ㉡	6 발	7 마디	8 ㉠
9 ㉡			

심화 어휘 – 주제별 속담·관용어　　▶ 본문 79쪽

1 ㉢	2 ㉠	3 ㉡	4 ㉡
5 ㉠	6 낫	7 수레	
8 두껍게, 있는, 들지			

13회

교과 어휘 – 한자어　▶본문 81쪽

1 ㉢	2 ㉠	3 ㉡	4 임금
5 편안	6 예방	7 약도	8 실험
9 요청	10 약물		

교과 어휘 – 고유어　▶본문 83쪽

1 성나다	2 사뿐하다	3 소곤거리다	4 매만지는
5 표준어	6 설	7 ㉡	8 ㉠
9 ③			

심화 어휘 – 헷갈리기 쉬운 낱말　▶본문 85쪽

1 ㉠	2 ㉡	3 반듯이	4 묵어
5 묶어	6 반드시	7 뱄다	
8 반듯이 → 반드시		9 베어 → 배어	

14회

교과 어휘 – 한자어　▶본문 87쪽

1 ㉡	2 ㉠	3 ㉢	4 정도
5 벌	6 완성	7 연일	8 예방
9 ②			

교과 어휘 – 고유어　▶본문 89쪽

1 쌀겨	2 솥	3 시름시름	4 ㉡
5 ㉠	6 ㉢	7 ㉡	8 ㉠
9 ①			

심화 어휘 – 주제별 한자 성어　▶본문 91쪽

1 ㉡	2 ㉢	3 ㉠	4 흘려버림
5 물고기	6 우이독경	7 마이동풍	8 죽마고우
9 ③			

15회

교과 어휘 – 한자어　▶본문 93쪽

1 ㉡	2 ㉠	3 ㉢	4 바깥
5 바라거나	6 괴로움	7 위기	8 외부
9 위안	10 주문		

교과 어휘 – 다의어·동음이의어　▶본문 95쪽

1 ㉡	2 ㉠	3 ㉢	4 ㉠
5 ㉡	6 먹기	7 세기	8 ㉡
9 ㉠			

심화 어휘 – 주제별 속담·관용어　▶본문 97쪽

1 ㉡	2 ㉢	3 ㉠	4 ㉡
5 ㉠	6 하늘	7 코	
8 통했는지, 없다, 주고			

16회

교과 어휘 – 한자어　▶본문 99쪽

1 ㉡	2 ㉠	3 ㉢	4 은혜
5 의견	6 남긴	7 유용	8 의상
9 고적	10 상의		

교과 어휘 – 고유어　▶본문 101쪽

1 알아보다	2 쓰다듬다	3 쑥덕거리다	4 ㉡
5 ㉠	6 ㉢	7 ㉡	8 ㉠
9 ㉢			

심화 어휘 – 헷갈리기 쉬운 낱말　▶본문 103쪽

1 ㉡	2 ㉠	3 빌리면	4 빌면
5 아름	6 알음	7 숱	8 숱 → 숯
9 빌어 → 빌려			

확인 학습 정답

17 회

교과 어휘 – 한자어 ▶ 본문 105쪽

1 ㉠	2 ㉢	3 ㉡	4 죽을
5 당당히	6 자녀	7 일정	8 인심
9 ④			

교과 어휘 – 고유어 ▶ 본문 107쪽

1 엿듣다	2 오목하다	3 천	4 고집
5 ㉢	6 ㉡	7 ㉠	8 울창한
9 막대한			

심화 어휘 – 주제별 한자 성어 ▶ 본문 109쪽

1 ㉡	2 ㉢	3 ㉠	4 변명
5 뼈	6 일석이조	7 함구무언	8 동문서답
9 ①			

18 회

교과 어휘 – 한자어 ▶ 본문 111쪽

1 ㉡	2 ㉢	3 ㉠	4 말
5 모아서	6 옮아가는	7 절반	8 전달
9 ②			

교과 어휘 – 다의어·동음이의어 ▶ 본문 113쪽

1 ㉠	2 ㉡	3 ㉡	4 ㉠
5 ㉢	6 용기	7 써	8 ㉡
9 ㉠			

심화 어휘 – 주제별 속담·관용어 ▶ 본문 115쪽

1 ㉠	2 ㉢	3 ㉡	4 헤엄치기
5 식은	6 죽	7 떡	8 땅
9 굴려도, 맞대니, 긁었다			

19 회

교과 어휘 – 한자어 ▶ 본문 117쪽

1 ㉢	2 ㉠	3 ㉡	4 사람
5 세워	6 땅	7 조절	8 지시
9 증상	10 거주민		

교과 어휘 – 고유어 ▶ 본문 119쪽

1 우짖다	2 웅크리다	3 우기다	4 ㉡
5 ㉢	6 ㉠	7 ㉡	8 ㉠
9 ㉢			

심화 어휘 – 헷갈리기 쉬운 낱말 ▶ 본문 121쪽

1 ㉡	2 ㉠	3 앉고	4 젖고
5 업고	6 저어	7 앉아	
8 저었다 → 젖었다		9 엎고 → 업고	

20 회

교과 어휘 – 한자어 ▶ 본문 123쪽

1 ㉠	2 ㉡	3 ㉢	4 굽은
5 관계하여	6 그림	7 채집	8 진동
9 ①			

교과 어휘 – 고유어 ▶ 본문 125쪽

1 제멋대로	2 잔소리	3 저절로	4 동작
5 가득	6 거두는	7 ㉢	8 ㉠
9 ㉡	10 ②		

심화 어휘 – 주제별 한자 성어 ▶ 본문 127쪽

1 ㉢	2 ㉡	3 ㉠	4 바른길
5 서리	6 점입가경	7 개과천선	8 인과응보
9 ③			

21회

교과 어휘 - 한자어　　　　　　　　　　　　▶ 본문 129쪽

1 ㉡　　2 ㉠　　3 ㉢　　4 소리
5 떠남　　6 파고들어　　7 출동　　8 초청
9 철회　　10 초대

교과 어휘 - 다의어·동음이의어　　　　　　▶ 본문 131쪽

1 ㉡　　2 ㉢　　3 ㉡　　4 ㉠
5 ㉢　　6 자리　　7 졸음　　8 ㉡
9 ㉠

심화 어휘 - 주제별 속담·관용어　　　　　▶ 본문 133쪽

1 ㉢　　2 ㉠　　3 ㉡　　4 ㉡
5 ㉢　　6 옷　　7 약
8 빠지게, 축이고, 걸리는

22회

교과 어휘 - 한자어　　　　　　　　　　　　▶ 본문 135쪽

1 ㉢　　2 ㉡　　3 ㉠　　4 불
5 맑음　　6 어구　　7 폭발　　8 태평
9 특이　　10 징표

교과 어휘 - 고유어　　　　　　　　　　　　▶ 본문 137쪽

1 짭조름하다　2 지지다　　3 펼치다　　4 잘못
5 이삭　　6 낮은　　7 ㉡　　8 ㉠
9 ㉢　　10 ③

심화 어휘 - 헷갈리기 쉬운 낱말　　　　　▶ 본문 139쪽

1 ㉠　　2 ㉡　　3 여느　　4 어느
5 좇아　　6 쫓기　　7 짚고　　8 여느 → 어느
9 쫓아 → 좇아

23회

교과 어휘 - 한자어　　　　　　　　　　　　▶ 본문 141쪽

1 ㉢　　2 ㉡　　3 ㉠　　4 중심
5 자녀　　6 한식　　7 해안　　8 해설
9 ④

교과 어휘 - 고유어　　　　　　　　　　　　▶ 본문 143쪽

1 한가득　　2 헐레벌떡　　3 한가운데　　4 미루어
5 뒤섞여　　6 ㉢　　7 ㉡　　8 ㉠
9 ①

심화 어휘 - 주제별 한자 성어　　　　　　▶ 본문 145쪽

1 ㉢　　2 ㉠　　3 ㉡　　4 새것
5 욕심　　6 독서삼매　　7 주경야독　　8 견물생심
9 ④

24회

교과 어휘 - 한자어　　　　　　　　　　　　▶ 본문 147쪽

1 ㉢　　2 ㉠　　3 ㉡　　4 비
5 뜨거나　　6 화원　　7 효행　　8 후각
9 ③

교과 어휘 - 다의어·동음이의어　　　　　　▶ 본문 149쪽

1 ㉠　　2 ㉡　　3 ㉡　　4 ㉢
5 ㉠　　6 창　　7 줄기　　8 ㉡
9 ㉠

심화 어휘 - 주제별 속담·관용어　　　　　▶ 본문 151쪽

1 ㉠　　2 ㉡　　3 ㉢　　4 ㉢
5 ㉡　　6 떡　　7 논
8 으쓱거렸다, 무거웠다, 나란히

01회

▶ 어휘력 테스트 2쪽

1 ㉠	2 ㉡	3 ㉢	4 괴로웠다
5 고꾸라졌다	6 갸우뚱했다	7 기워 → 길어	
8 거름 → 걸음		9 가리켜 → 가르쳐	
10 거대	11 건더기	12 검소	13 엎어져
14 고단해	15 ②		

7 '긷다'는 '긷고, 길어, 길으니' 등으로 형태가 변합니다. 우물에서 물을 떠내 오라는 내용이므로 '긷다'가 변한 형태인 '길어'를 써야 올바른 문장이 됩니다.

8 '거름'은 '식물이 잘 자라도록 땅을 기름지게 하기 위하여 주는 물질.'이라는 뜻이고, '걸음'은 '두 발을 번갈아 옮겨 놓는 동작.'이라는 뜻입니다. 유정이가 '나'에게 다가오고 있다는 내용이므로 '거름'을 '걸음'으로 고쳐야 합니다.

9 수학 문제를 푸는 법을 깨닫거나 익히게 해 달라는 내용이므로 '가리켜'를 '가르쳐'로 고쳐 써야 올바른 문장이 됩니다.

02회

▶ 어휘력 테스트 3쪽

1 공격	2 공예	3 곡선	4 깔끔하다
5 구기다	6 끼어들다	7 견학	8 꼼꼼
9 ㉠	10 ㉡	11 ㉣	12 ㉢
13 ㉡	14 ㉢	15 ㉠	

13 돌아가신 어머니의 무덤을 보며 슬퍼하고 있는 상황이므로 '효도를 다하지 못한 채 어버이를 여읜 자식의 슬픔을 이르는 말.'인 '풍수지탄'이 이 상황을 표현하기에 알맞습니다.

14 '나'는 매일 아침 부모님께 문안 인사를 드리고 있으므로 '밤에는 어버이의 잠자리를 보아 드리고 이른 아침에는 밤새 안부를 묻는다.'라는 뜻인 '혼정신성'이 이 상황을 표현하기에 알맞습니다.

15 성아는 호랑이가 우리나라에만 있다고 생각할 만큼 보고 들은 것이 매우 좁으므로 '좌정관천'이 이 상황을 표현하기에 알맞습니다.

03회

▶ 어휘력 테스트 4쪽

1 국토	2 구역	3 교육	4 ㉡
5 ㉡	6 ㉢	7 ㉢	8 ㉠
9 ㉢	10 ㉣	11 ㉡	12 ㉠
13 ㉢	14 ㉠	15 ㉡	

6 '가슴이 넓다'는 '이해심이 많다.'라는 뜻입니다. 따라서 '이해심이 많은'이라는 표현을 '가슴이 넓은'이라는 관용 표현으로 바꾸어도 의미가 통합니다.

7 '가슴이 뜨끔하다'는 '마음이 깜짝 놀라거나 양심의 가책을 받다.'라는 뜻입니다. 따라서 '깜짝 놀랐다.'라는 표현을 '가슴이 뜨끔했다.'라는 관용 표현으로 바꾸어도 의미가 통합니다.

8 '가슴을 펴다'는 '굽힐 것 없이 당당하다.'라는 뜻입니다. 따라서 '당당한 태도로'라는 표현을 '가슴을 펴고'라는 관용 표현으로 바꾸어도 의미가 통합니다.

04회

▶ 어휘력 테스트 5쪽

1 ㉡	2 ㉢	3 ㉠	4 납작해졌다
5 내려앉았다	6 닳았다	7 껍질이 → 껍데기가	
8 꼽을 → 꽂을		9 낳았다 → 나았다	
10 다툼	11 낭비	12 기념	13 판판한
14 포악한	15 ③		

7 물체의 겉을 싸고 있는 물질 중 단단하지 않은 물질은 '껍질', 단단한 물질은 '껍데기'입니다. 굴의 겉면은 단단하므로 '껍데기가'로 고쳐야 올바른 문장이 됩니다.

8 '꼽다'는 '수나 날짜를 세려고 손가락을 하나씩 헤아리다.'라는 뜻이고, '꽂다'는 '쓰러지거나 빠지지 아니하게 박아 세우거나 끼우다.'라는 뜻입니다. 백두산에 태극기를 박아 세운다는 내용이므로 '꼽을'을 '꽂을'로 바꾸어야 합니다.

15 개가 새끼를 몸 밖으로 내놓은 것이므로 '낳았다'가 알맞습니다. 또한 일요일이 되기만을 손가락을 하나씩 헤아리며 날짜를 세고 있으므로 '꼽으며'가 알맞습니다.

05회
▶ 어휘력 테스트 6쪽

1 덥석	2 단속	3 당번	4 데우다
5 뒤덮다	6 되풀이하다	7 능력	8 대화
9 ②	10 ©	11 ⊙	12 ©
13 ⊙	14 ©	15 ©	

5 '뒤덮다'는 '빈 데가 없이 온통 덮다.'라는 뜻입니다.

13 '갑남을녀'는 '갑이란 남자와 을이란 여자라는 뜻으로, 평범한 사람들을 이르는 말.'입니다.

14 '동분서주'는 '동쪽으로 뛰고 서쪽으로 뛴다는 뜻으로, 사방으로 이리저리 몹시 바쁘게 돌아다님을 이르는 말.'입니다. 따라서 학예회 준비로 바쁘게 돌아다니는 상황을 잘 나타냅니다.

15 '우왕좌왕'은 '이리저리 왔다 갔다 하며 일이나 나아가는 방향을 종잡지 못함.'을 이르는 말로, 불이 나서 건물 밖으로 나가는 방향을 몰라 허둥대는 상황을 잘 나타냅니다.

06회
▶ 어휘력 테스트 7쪽

1 만물	2 무례	3 독립	4 ⊙
5 ⊙	6 ©	7 ©	8 ⊙
9 ©	10 ②	11 ⊙	12 ©
13 ©	14 ©	15 ⊙	

6 '길이 바쁘다'는 '목적하는 곳까지 빨리 가야 할 사정이다.'라는 뜻입니다. 따라서 '빨리 가야 하니'라는 표현을 '길이 바쁘니'라는 관용 표현으로 바꾸어도 의미가 통합니다.

7 '갈림길에 서다'는 '선택을 해야 하는 위치에 놓이다.'라는 뜻입니다. 따라서 '선택해야 한다.'라는 표현을 '갈림길에 섰다.'라는 관용 표현으로 바꾸어도 의미가 통합니다.

8 '갈 길이 멀다'는 '앞으로 해야 할 일들이 많이 남아 있다.'라는 뜻입니다. 따라서 '해야 할 일이 많으니'라는 표현을 '갈 길이 머니'라는 관용 표현으로 바꾸어도 의미가 통합니다.

07회
▶ 어휘력 테스트 8쪽

1 ©	2 ⊙	3 ©	4 땔감
5 마찬가지	6 뒤죽박죽	7 느려 → 늘여	
8 달려 → 딸려		9 넓이 → 너비	
10 무시	11 무조건	12 미각	13 외면하고
14 매한가지	15 ①		

8 '달리다'는 '재물이나 기술, 힘 등이 모자라다.'라는 뜻이고, '딸리다'는 '어떤 것에 매이거나 붙어 있다.'라는 뜻입니다. 동화책의 사은품으로 공책이 함께 왔다는 내용이므로 '딸려'가 알맞습니다.

9 '너비'는 '평면이나 넓은 물체의 가로를 잰 길이.'라는 뜻으로, 제시된 문장에는 '너비'가 알맞습니다. '넓이'는 '일정한 평면에 걸쳐 있는 공간이나 범위의 크기.'라는 뜻입니다.

15 아빠가 산에 오르는 데 걸리는 시간이 길어서 뒤처진 것이므로 '느려서'가 알맞습니다. 그 까닭은 아빠가 기운이 모자라서이므로 '달려서'가 알맞습니다.

08회
▶ 어휘력 테스트 9쪽

1 본래	2 벽화	3 변화	4 맨손
5 말소리	6 메아리	7 방해	8 맵시
9 ⊙	10 ②	11 ©	12 ©
13 ©	14 ⊙	15 ©	

6 '메아리'는 '울려 퍼져 가던 소리가 산이나 절벽 같은 데에 부딪쳐 되울려오는 소리.'라는 뜻입니다.

13 '혈혈단신'은 '의지할 곳이 없는 외로운 홀몸.'을 뜻하는 말로, 아버지 혼자 외국으로 가신 상황을 잘 나타냅니다.

14 '고립무원'은 '고립되어 도움을 받을 데가 없음.'을 뜻하는 말입니다. 따라서 외톨이가 되어 도움을 받을 수 없는 상황을 나타내는 데 알맞습니다.

15 '포복절도'는 '배를 그러안고 넘어질 정도로 몹시 웃음.'을 이르는 말로, 동생의 그림일기를 보고 재미있어서 배를 그러안고 웃는 상황을 잘 나타냅니다.

09회

▶ 어휘력 테스트 10쪽

1 비용	2 사양	3 불평	4 ㉠
5 ㉡	6 ㉢	7 ㉡	8 ㉠
9 ㉠	10 ㉢	11 ㉡	12 ㉣
13 ㉡	14 ㉠	15 ㉢	

4 ㉡에서 '끝'은 '행동이나 일이 있은 다음의 결과.'라는 뜻으로 쓰였습니다.

7 '귀에 딱지가 앉다'는 '어떠한 말을 너무 많이 들어서 익숙하거나 지겹다.'라는 뜻입니다. 따라서 '너무 많이 들었다.'라는 표현을 '귀에 딱지가 앉게 들었다.'라는 관용 표현으로 바꾸어도 의미가 통합니다.

8 '귀를 의심하다'는 '믿기 어려운 이야기를 들어 잘못 들은 것이 아닌가 생각하다.'라는 뜻입니다. 따라서 '잘못 들은 것이 아닌가 생각했다.'라는 표현을 '귀를 의심했다.'라는 관용 표현으로 바꾸어도 의미가 통합니다.

10회

▶ 어휘력 테스트 11쪽

1 ㉠	2 ㉡	3 ㉢	4 물끄러미
5 물컹해지니	6 몰아내니	7 띄는 → 띠는	
8 덥고 → 덮고		9 모래 → 모레	
10 밑동	11 사치	12 산소	13 행동
14 활력	15 ③		

8 '덥다'는 '기온이나 날씨가 사람이 느끼기에 쾌적한 정도 이상으로 높다.'라는 뜻이고 '덮다'는 '물건 등이 드러나거나 보이지 않도록 넓은 천 등을 얹어서 씌우다.'라는 뜻입니다. 이불로 몸이 드러나지 않도록 씌운 것이므로 '덮고'가 알맞습니다.

14 '생기'는 '싱싱하고 힘찬 기운.'이라는 뜻입니다. '활력'은 '살아 움직이는 힘.'이라는 뜻으로, 생기와 바꾸어 쓸 수 있습니다.

15 무지개 색 수영복이 눈에 보인 것이므로 '띄었다'가 알맞습니다. 그리고 해수욕장에서 동생이 페트병으로 팔 수 있는 것은 '모레'가 아닌 '모래'입니다.

11회

▶ 어휘력 테스트 12쪽

1 수거	2 선정	3 소품	4 북적여
5 바로잡아	6 보금자리	7 수리	8 보람
9 ㉠	10 ㉣	11 ㉡	12 ㉢
13 ㉡	14 ㉢	15 ㉠	

5 '바로잡다'는 '굽거나 비뚤어진 것을 곧게 하다.' 또는 '그릇된 일을 바르게 만들거나 잘못된 것을 올바르게 고치다.'라는 뜻입니다.

6 '보금자리'는 '새가 알을 낳거나 깃들이는 곳.' 또는 '지내기에 매우 포근하고 아늑한 곳을 이르는 말.'이라는 뜻입니다.

13 '청렴결백'은 '마음이 맑고 깨끗하며 탐욕이 없음.'을 뜻하는 말입니다. 따라서 평생 욕심 없이 깨끗하게 사신 선생님의 모습을 잘 나타냅니다.

15 '공명정대'는 '하는 일이나 태도가 사사로움이나 그릇됨이 없이 아주 정당하고 떳떳함.'을 뜻하는 말로, 정당하고 떳떳하게 선거에 임한 상황을 잘 나타냅니다.

12회

▶ 어휘력 테스트 13쪽

1 시범	2 수조	3 식량	4 ㉠
5 ㉠	6 ㉡	7 ㉢	8 ㉠
9 ㉢	10 ㉣	11 ㉡	12 ㉠
13 ㉡	14 ㉠	15 ㉢	

4 ㉡에서 '마디'는 '뼈와 뼈가 맞닿은 부분.'이라는 뜻으로 쓰였습니다.

5 ㉡에서 '머리'는 '생각하고 판단하는 능력.'이라는 뜻으로 쓰였습니다.

6 '낯이 두껍다'는 '부끄러움을 모르고 염치가 없다.'라는 뜻입니다. 따라서 '염치가 없다.'라는 표현을 '낯이 두껍다.'라는 관용 표현으로 바꾸어도 의미가 통합니다.

7 '낯이 있다'는 '서로 얼굴을 알 만한 친분이 있다.'라는 뜻입니다. 따라서 '얼굴은 알 것 같은데'를 '낯은 있는데'라는 관용 표현으로 바꾸어도 의미가 통합니다.

13회
▶ 어휘력 테스트 14쪽

1 ㉡	2 ㉢	3 ㉠	4 손질
5 설빔	6 사투리	7 반드시 → 반듯이	
8 배는 → 베는		9 묶은 → 묵은	
10 신하	11 사뿐하다	12 안부	13 속살거리는
14 골난	15 ③		

8 '배다'는 '스며들거나 스며 나오다.' 또는 '버릇이 되어 익숙해지다.'라는 뜻입니다. '베다'는 '날이 있는 연장 등으로 무엇을 끊거나 자르거나 가르다.'라는 뜻이므로 '배는'을 '베는'으로 고쳐야 올바른 문장이 됩니다.

13 '소곤거리다'는 '남이 알아듣지 못하도록 작은 목소리로 자꾸 가만가만 이야기하다.'라는 뜻입니다. 이 낱말은 '남이 알아듣지 못하도록 작은 목소리로 자질구레하게 자꾸 이야기하다.'라는 뜻의 '속살거리다'와 바꾸어 쓸 수 있습니다.

15 밧줄을 나무에 감아 맨 것이므로 '묶어서'가 알맞습니다. 그리고 양손으로 밧줄을 꼭 잡아야 한다고 당부하고 있으므로 '반드시'가 알맞습니다.

14회
▶ 어휘력 테스트 15쪽

1 완성	2 연일	3 억울	4 솜씨
5 손짓	6 신바람	7 시루	8 업적
9 ㉡	10 ㉠	11 ㉢	12 ㉣
13 ㉡	14 ㉢	15 ㉠	

13 '우이독경'은 '아무리 가르치고 일러 주어도 알아듣지 못함을 이르는 말.'입니다. 따라서 조용히 하라고 일러 주는데도 알아듣지 못하고 계속 떠드는 상황을 잘 나타냅니다.

14 '죽마고우'는 '어릴 때부터 같이 놀며 자란 친한 벗을 이르는 말.'입니다. 따라서 어릴 때부터 친한 사이라 마음이 잘 통하는 상황을 잘 나타냅니다.

15 '마이동풍'은 '남의 말을 귀담아듣지 아니하고 지나쳐 흘려버림을 이르는 말.'입니다. 따라서 엄마 말을 흘려들어 비를 맞은 상황을 잘 나타냅니다.

15회
▶ 어휘력 테스트 16쪽

1 위기	2 원시인	3 요구	4 ㉡
5 ㉡	6 ㉠	7 ㉡	8 ㉢
9 ㉠	10 ㉢	11 ㉣	12 ㉡
13 ㉡	14 ㉠	15 ㉢	

4 ㉠에서 '벽'은 '극복하기 어려운 한계나 장애를 이르는 말.'이라는 뜻으로 쓰였습니다.

5 ㉠에서 '먹다'는 '어떤 나이에 이르거나 나이를 더하다.'라는 뜻으로 쓰였습니다.

6 '마음에 없다'는 '무엇을 하거나 가지고 싶은 생각이 없다.'라는 뜻입니다. 따라서 '사과하고 싶지 않은데'라는 표현을 '마음에 없는데'라는 관용 표현으로 바꾸어도 의미가 통합니다.

7 '마음을 주다'는 '마음을 숨기지 아니하고 기꺼이 내보이다.'라는 뜻입니다. 따라서 '마음을 내보이는 것'이라는 표현을 '마음을 주는 것'이라는 관용 표현으로 바꾸어도 의미가 통합니다.

16회
▶ 어휘력 테스트 17쪽

1 ㉠	2 ㉡	3 ㉢	4 알아보고
5 쓰다듬고	6 쑥덕거리고	7 아름 → 알음	
8 숯 → 숱	9 빌어 → 빌려		10 쓰임새
11 유명	12 은인	13 가련했다	14 몸져누웠다
15 ②			

8 '숯'은 '나무를 불에 구워 낸 검은 덩어리.'라는 뜻입니다. '숱'은 '머리털 등의 부피나 분량.'이라는 뜻입니다. 따라서 제시된 문장에는 '숱'이 알맞습니다.

13 '안쓰럽다'는 '마음이 아프고 가엾다.'라는 뜻입니다. 이 낱말은 '가엾고 불쌍하다.'라는 뜻의 '가련하다'와 바꾸어 쓸 수 있습니다.

15 아빠가 장미꽃을 두 팔을 둥글게 모아서 만든 둘레만큼 사 온 것이므로 '아름'이 알맞습니다. 또한 동생과 '나'는 꽃병을 깬 잘못을 용서해 달라고 하고 있으므로 '빌었다'가 알맞습니다.

17회

▶ 어휘력 테스트 18쪽

1 인심	2 작전	3 자손	4 엄청난
5 우거진	6 오목한	7 억지	8 자부심
9 ㄹ	10 ㄱ	11 ㄴ	12 ㄷ
13 ㄷ	14 ㄱ	15 ㄴ	

13 '일거양득'은 '한 가지 일을 하여 두 가지 이익을 얻음.'을 뜻하는 말입니다. 이 말은 줄넘기 한 가지로 키도 키우고 몸을 건강하게 하는 등 두 가지 이익을 얻는 상황을 잘 나타냅니다.

14 '동문서답'은 '물음과는 전혀 상관없는 엉뚱한 대답.'을 이르는 말입니다. 이 말은 청소하라는 말에 엉뚱하게 잘 먹었다고 답하는 상황을 잘 나타냅니다.

15 '유구무언'은 '입은 있으나 할말이 없다는 뜻으로, 변명할 말이 없음을 이르는 말.'입니다. 따라서 가방에 우유를 쏟은 것은 자신의 잘못이기 때문에 변명할 말이 없다는 상황을 잘 나타냅니다.

18회

▶ 어휘력 테스트 19쪽

1 절반	2 전설	3 절약	4 ㄱ
5 ㄱ	6 ㄱ	7 ㄷ	8 ㄴ
9 ㄱ	10 ㄷ	11 ㄴ	12 ㄹ
13 땅	14 떡	15 죽	

5 ㄴ에서 '살다'는 '본래 가지고 있던 색깔이나 특징 등이 그대로 있거나 뚜렷이 나타나다.'라는 뜻으로 쓰였습니다.

6 '머리를 굴리다'는 '머리를 써서 해결 방안을 생각해 내다.'라는 뜻입니다. 따라서 '머리를 써서'라는 표현을 '머리를 굴려서'라는 관용 표현으로 바꾸어도 의미가 통합니다.

7 '머리를 맞대다'는 '어떤 일을 의논하거나 결정하기 위하여 서로 마주 대하다.'라는 뜻입니다. 따라서 '서로 마주 앉아서 의논했다.'라는 표현을 '머리를 맞댔다.'라는 관용 표현으로 바꾸어도 의미가 통합니다.

19회

▶ 어휘력 테스트 20쪽

1 ㄷ	2 ㄴ	3 ㄱ	4 우겼다
5 웅크렸다	6 우쭐했다	7 앉고 → 안고	
8 젓으니 → 저으니		9 업어 → 엎어	
10 우짖다	11 증거	12 지시	13 포대
14 원체	15 ④		

9 '업다'는 '사람이나 동물 등을 등에 대고 손으로 붙잡거나 무엇으로 동여매어 붙어 있게 하다.'라는 뜻입니다. '엎다'는 '물건 등을 거꾸로 돌려 위가 밑을 향하게 하다.'라는 뜻입니다. 따라서 '엎어'가 알맞습니다.

13 '자루'는 '속에 물건을 담을 수 있도록 헝겊 등으로 길고 크게 만든 주머니.'라는 뜻입니다. 이 낱말은 '종이, 천, 가죽 등으로 만든 큰 자루.'라는 뜻의 '포대'와 바꾸어 쓸 수 있습니다.

15 물을 마시다가 물병을 떨어뜨려서 옷이 축축하게 되었으므로 '젖었다'가 알맞습니다. 그리고 돗자리에 몸을 올려놓고 물을 마시라고 한 것이므로 '앉아서'가 알맞습니다.

20회

▶ 어휘력 테스트 21쪽

1 차이점	2 참가	3 채집	4 잔뜩
5 저절로	6 잔소리	7 진입	8 재빠르다
9 ㄴ	10 ㄹ	11 ㄱ	12 ㄷ
13 ㄷ	14 ㄱ	15 ㄴ	

6 '잔소리'는 '쓸데없이 자질구레한 말을 늘어놓음. 또는 그 말.' 또는 '필요 이상으로 듣기 싫게 꾸짖거나 참견함. 또는 그런 말.'을 뜻합니다.

13 '점입가경'은 '갈수록 점점 더 좋거나 재미가 있음.'을 뜻합니다. 따라서 공원 안으로 들어갈수록 경치가 더욱 아름답다는 상황을 잘 나타냅니다.

14 '개과천선'은 '지난날의 잘못이나 허물을 고쳐 올바르고 착하게 됨.'을 뜻하는 말입니다. 따라서 재윤이가 지각하던 습관을 고쳐 제일 먼저 등교하는 상황을 잘 나타냅니다.

21회

▶ 어휘력 테스트 22쪽

1 초청	2 축복	3 탐구	4 ⓛ
5 ⓛ	6 ⓛ	7 ㉠	8 ⓒ
9 ⓒ	10 ㉠	11 ⓛ	12 ㉣
13 ⓒ	14 ㉠	15 ⓛ	

4 ㉠에서 '자리'는 '사람이 앉을 수 있도록 의자 등을 마련해 놓은 곳.'이라는 뜻으로 쓰였습니다.

5 ㉠에서 '얼굴'은 '눈, 코, 입이 있는 머리의 앞면.'이라는 뜻으로 쓰였습니다.

6 '목을 축이다'는 '목말라 물 등을 마시다.'라는 뜻이므로, '목이 말라 물을 마셨다.'라는 표현을 '목을 축였다.'라는 관용 표현으로 바꾸어도 의미가 통합니다.

7 '목에 걸리다'는 '충격으로 음식 등이 목구멍으로 잘 넘어가지 않다.'라는 뜻입니다. 따라서 '목구멍으로 넘어가지 않았다.'라는 표현을 '목에 걸렸다.'라는 관용 표현으로 바꾸어도 의미가 통합니다.

22회

▶ 어휘력 테스트 23쪽

1 ⓒ	2 ⓛ	3 ㉠	4 펼쳐서
5 짭조름해서	6 지져서	7 짚어 → 집어	
8 어느 → 여느		9 쫓아 → 좇아	
10 하마터면	11 투명	12 편의	13 울렁거렸다
14 시부렁거렸다		15 ④	

8 '여느'는 '다른 보통의.'라는 뜻입니다. 따라서 우진이가 다른 보통의 날과 달리 말이 없다는 뜻을 전달하기 위해서는 '어느'를 '여느'로 고쳐 써야 합니다.

14 '투덜거리다'는 '남이 알아듣기 어려울 정도의 낮은 목소리로 자꾸 불평을 하다.'라는 뜻입니다. 이 낱말은 '주책없이 쓸데없는 말을 함부로 자꾸 지껄이다.'라는 뜻의 '시부렁거리다'와 바꾸어 쓸 수 있습니다.

15 술래가 '나'만 따라온다는 의미이므로 '쫓았다'가 알맞습니다. 그리고 넘어진 '나'는 땅을 의지하여 일어났으므로 '짚고'가 알맞습니다.

23회

▶ 어휘력 테스트 24쪽

1 해안	2 핵심	3 한식	4 헤아릴
5 휠	6 헷갈릴	7 허락	8 헐레벌떡
9 ⓛ	10 ⓒ	11 ㉣	12 ㉠
13 ⓛ	14 ⓒ	15 ㉠	

4 '헤아리다'는 '수량을 세다.' 또는 '짐작하여 가늠하거나 미루어 생각하다.'를 뜻하는 말입니다.

6 '헷갈리다'는 '정신이 혼란스럽게 되다.' 또는 '여러 가지가 뒤섞여 갈피를 잡지 못하다.'를 뜻하는 말입니다.

13 '독서삼매'는 '다른 생각은 전혀 아니 하고 오직 책 읽기에만 골몰하는 경지.'를 뜻합니다. 따라서 책을 읽느라 엄마의 심부름을 잊어버린 상황을 잘 나타냅니다.

14 '주경야독'은 '낮에는 농사짓고, 밤에는 글을 읽는다는 뜻으로, 어려움 속에서도 꿋꿋이 공부함을 이르는 말.'입니다. 이 말은 삼촌이 낮에는 회사에 다니고 밤에는 대학원에서 공부하는 상황을 잘 나타냅니다.

24회

▶ 어휘력 테스트 25쪽

1 화원	2 효행	3 혼합물	4 ⓛ
5 ㉠	6 ㉠	7 ⓒ	8 ⓛ
9 ㉠	10 ㉣	11 ⓒ	12 ⓛ
13 ⓛ	14 ⓒ	15 ㉠	

4 ㉠에서 '줄기'는 '불, 빛, 연기 등이 길게 뻗어 나가는 것을 셀 때 쓰는 말.'이라는 뜻으로 쓰였습니다.

7 '어깨를 으쓱거리다'는 '뽐내고 싶은 기분이나 떳떳하고 자랑스러운 기분이 되다.'라는 뜻입니다. 따라서 '자랑스러웠다.'라는 표현을 '어깨를 으쓱거렸다.'라는 관용 표현으로 바꾸어도 의미가 통합니다.

8 '어깨를 나란히 하다'는 서로 비슷한 위치에 있거나 비슷한 힘을 가지다.'라는 뜻입니다. 따라서 '견주어도 뒤처지지 않는다.'라는 표현을 '어깨를 나란히 한다.'라는 관용 표현과 바꾸어도 의미가 통합니다.

MEMO

www.ggumtl.co.kr

청소년들 모두가 아름다운 꿈을 이룰 그날을 위해
꿈을담는틀은 오늘도 희망의 불을 밝힙니다.

이 책을 추천합니다.

▶▶ 평소에 아이가 책을 많이 접하고 자주 읽게 하려고 노력하는 편인데, 다양한 책을 읽다 보면 당연히 알고 있을 것이라고 생각했던 쉬운 어휘를 모르는 경우가 종종 있었습니다. 이 책에서는 한자어, 고유어, 다의어, 동음이의어 등 다양한 기초 낱말과 한자 성어, 속담, 관용어 같은 어려운 내용까지 함께 배울 수 있어서 좋았습니다.

— 이미정 (안산초등학교 3학년 학부모)

▶▶ 탄탄한 어휘력은 독해의 기본입니다. 길고 어려운 글을 독해할 때 우리는 어휘를 중심으로 맥락을 파악합니다. 그러나 탄탄한 어휘력을 쌓는 일은 단시간에 문제를 많이 푼다고 이루어지는 것이 아닙니다. 평소에 어휘가 문장 안에서 어떤 의미로 사용되고 있는지, 이를 대체할 낱말들에는 무엇이 있는지를 곰곰이 생각해 보는 연습이 필요합니다.

— 신주용 (서울대 자유전공학부 19학번)

독해력을 키우는 **단계별·수준별** 맞춤 훈련!!

초등 국어

일등급 독해력

▶ 전 6권 / 각 권 본문 176쪽 · 해설 48쪽 안팎

수업 집중도를
높이는
교과서 연계 지문

＋

생각하는 힘을
기르는
수능 유형 문제

＋

독해의 기초를
다지는
어휘 반복 학습

≫ 초등 국어 독해, 왜 필요할까요?

● 초등학생 때 형성된 독서 습관이 모든 학습 능력의 기초가 됩니다.
● 글 속의 중심 생각과 정보를 자기 것으로 만들어 **문제를 해결하는 능력**은 한 번에
생기는 것이 아니므로, 좋은 글을 읽으며 차근차근 쌓아야 합니다.

현직 초등 교사들이 알려 주는
초등 1·2학년 / 3·4학년 / 5·6학년
공부법의 모든 것

〈1·2학년〉 이미경·윤인아·안재형·조수원·김성옥 지음 | 216쪽 | 13,800원
〈3·4학년〉 성선희·문정현·성복선 지음 | 240쪽 | 14,800원
〈5·6학년〉 문주호·차수진·박인섭 지음 | 256쪽 | 14,800원

★ 개정 교육과정을 반영한 현장감 넘치는 설명
★ 초등학생 자녀를 둔 학부모라면 꼭 알아야 할 모든 정보가 한 권에!

KAIST SCIENCE 시리즈
미래를 달리는 로봇

박종원·이성혜 지음 | 192쪽 | 13,800원

★ KAIST 과학영재교육연구원 수업을 책으로!
★ 한 권으로 쏙쏙 이해하는 로봇의 수학·물리학·생물학·공학

하루 15분 부모와 함께하는 말하기 놀이
룰루랄라 어린이 스피치

서차연·박지현 지음 | 184쪽 | 12,800원

★ 유튜브 〈즐거운 스피치 룰루랄라 TV〉에서 저자 직강 제공

가족과 함께 집에서 하는 실험 28가지
미래 과학자를 위한
즐거운 실험실

잭 챌로너 지음 | 이승택·최세희 옮김
164쪽 | 13,800원

★ 런던왕립학회 영 피플 수상
★ 가족을 위한 미국 교사 추천

메이커: 미래 과학자를 위한 프로젝트
즐거운 종이 실험실

캐시 세서리 지음 | 이승택·이준성·
이재분 옮김 | 148쪽 | 13,800원

★ STEAM 교육 전문가의 엄선 노하우

메이커: 미래 과학자를 위한 프로젝트
즐거운 야외 실험실

잭 챌로너 지음 | 이승택·이재분 옮김
160쪽 | 13,800원

★ 메이커 교사회 필독 추천서

메이커: 미래 과학자를 위한 프로젝트
즐거운 과학 실험실

잭 챌로너 지음 | 이승택·홍민정 옮김
160쪽 | 14,800원

★ 도구와 기계의 원리를 배우는
　과학 실험

서울시 영등포구 당산로 50길 3 꿈을담는빌딩 6층 | 전화 1544-6533 | 홈페이지 dreamybook.co.kr